숲은 깊고   아름다운데

숲은 깊고　아름다운데

조이스 박 지음

동화 여주 잔혹사

J
포럼

글이나 영화 속의 어떤 이미지는 읽거나 보면 머릿속에 남아 영원히 지워지지 않고 꿈에 거듭 등장한다. 그중 내 삶에 가장 강렬한 영향을 미친 이미지를 꼽는다면, 1990년대에 마주친 엘렌 식수의 글귀였다. "살은 글이며, 글은 결코 읽고 끝나는 것이 아니다. 글은 끊임없이 읽히고, 탐구되고, 추구되며, 창조된다."(《Coming to Writing》) 여성에게는 그 살이 바로 글이라는 뜻이다.

이 글귀를 읽은 후, 나는 때로 살가죽 아래로 문자들이 흐르는 꿈을 꾸거나, 수많은 눈이 모여서 피부를 뚫고 나올 듯 꿈틀대는 바람에 아파하는 꿈을 꾸었다. 그러다가 문득, 한국의 옛날이야기 중 〈이야기 귀신〉의 의미가 이해되었다. 주인공이 들은 이야기를 남에게 해주지 않고 자루 안에 꽁꽁 싸매 넣어두기만 하자 이야기들이 음모를 꾸며 주인공을 죽이려 하는 이야기인데, 이 이야기 자루가 사람의 몸 '자루'이지 않을까 하는 깨달음이 퍼뜩 머리를 스친 것이다. 영어에서 사람의 몸을 'bag of bones'라고 하고, 우리말에서도 '똥자루'라는 표현이 있다.

그러니까 듣거나 읽은 이야기는 사람의 내면에 쌓여 흐르다가 모여서 살아 움직이는 힘이 되고 밖으로 나와야 한다. 내면에서 자신의 이야기로 바뀌어 밖으로 풀어내지 못하면 갇힌 이야기의 힘이 그 사람에게 해롭고 부정적인 에너지가 된다는 비밀이 이 이야기에 담겨 있다.

여성들은 오랫동안 목소리를 내지 못하고 억눌렸다. 그렇게 살가죽 아래 쌓인 말과 글의 힘은 응축되어 더욱 강력해졌고, "살이 글이다"라는 말도 터져 나왔다. 하지만 생명은 항상 흘러갈 길을 찾는 법. 남자들이 문자의 세계를 독식하는 동안, 입에서 입으로 전해진 이야기는 여성들이 계승했다. 일례로 영어권에서 가장 잘 알려진 마더 구스(Mother Goose)의 어원을 추적해보면, 샤를마뉴 대제의 어머니인 라온의 베르트라다(Bertrada of Laon)가 등장한다. 베르트라다는 엄청난 이야기꾼이었는데, 거위의 발처럼 발가락들이 붙어 있어서 마더 구스라는 애칭으로 불렸다고 한다. 8세기의 여성 이야기꾼을 통해 어머니의 어머니의 어머니의 어머니까지 거슬러 올라가는 이야기의 전통을 확인할 수 있다.

이야기는 들려줄 때마다 달라진다. 기억의 한계 탓도 있지만, 이야기를 듣는 이들과 상황에 맞추느라 그렇다. 그 와중에 이야기하는 사람의 소망과 갈망이 슬그머니 끼어들곤 한다. 물론 기득권의 힘도 개입해서 입맛에 맞게 바꾸려 든다. 그러나 모든 이야기꾼에게 재갈을 물릴 수는 없다. 그래서 언제나 옛날이야기를 들려주는 일은 사회를 바꾸는 힘이 되었다.

글을 읽을 수 있는 사람이 많지 않던 시절에 이야기의 힘은 더욱 강력했다. 사람은 이야기를 통해 자신의 존재를 빚어가고, 동시에 다른 사람이 어떤 존재인지 드러낸다. 이야기밖에 못 한다며 무력하게 볼 수도 있겠지만, 어쩌면 가장 오래가고 근본적인 변화의 힘이 아닐까.

옛날이야기들은 '옛' 것이기에 모든 사람에게 해당되는

보편적인 가치를 보여준다. 인간이 오랫동안 공유한 이야기가 중요해지는 지점이다. 인간은 창작할 때 태양 아래 새로운 것을 만드는 것이 아니다. 기존의 이미지를 가져와 새롭게 구성하고 조직한다. 그래서 옛날이야기는 줄거리 아래에 층을 이루며 켜켜이 쌓인다. 이런 상징이 그 콘텐츠를 보는 이들, 그 상징을 공유한 이들에게 강력한 호소력을 지닌다. 우리가 옛날이야기를 계속 읽어야 하고, 옛날이야기들을 불러와 시대에 맞게 다시 읽고 쓰는 일이 필요한 이유이기도 하다.

이 책은 내게 서구의 옛날이야기를 다시 읽는 작업이자, 오랫동안 이야기 속에 억눌렸던 여성들의 살을 쓰는 작업이기도 했다.

내 살을 썼다. 당신에게 가서 당신의 살이 되기를 빈다.

낯선 만큼 매혹적인,
그 이야기의 숲길로

이야기는 숲과 같다.

특히 오래된 옛이야기일수록

나무가 울창하게 우거진 느낌이다.

새 지저귀는 소리와 향긋한 나무 내음에 취해

마냥 걷다가는 길을 잃기 딱 좋은 그런 곳이랄까.

그리고 그 숲에서 우리는 친숙한 풍경과 거듭 마주한다.

저 나무도 본 것 같고,

저 곰도 본 것 같고,

저 늑대도 본 것 같고,

저 토끼도 어디선가 본 것처럼 친숙하다.

미국의 시인 로버트 프로스트(Robert Frost)는
숲과 자연을 노래하는 시를 많이 썼는데,
그중 〈눈 내리는 저녁 숲가에 서서
(Stopping by Woods on a Snowy Evening)〉에서는
"아름답고 어둡고 깊은" 숲에
얼마나 끌리는지 이야기하고,
〈가지 않은 길(The Road Not Taken)〉에서는
사람들이 발길이 닿지 않은 숲속으로 이어지는 길,
그래서 가지 않은 길에 대해 품는
영원한 궁금증을 읊는다.
숲이 이토록 매혹적이고 알고 싶게끔 만드는 것은
무언가 호소하는 부분이 있기 때문이다.
아름답고 어둡고 깊어서 들어가고 싶지만
한편으로는 무섭기도 한 그런 유혹.

한때 어마어마하게 펼쳐진 평야와
숲과 같은 자연에서 콩알만 한 점 같은 존재들로
불가에 옹기종기 모여 살았던 원시 시절의 집단 무의식,
아직도 머릿속 어딘가에 그 기억이

남아 있기 때문인지도 모른다.
안전한 불가를 떠나 저 거대하고 어두운 숲에 들어서면
개인으로서의 인간 개체는 동물에 비해 어찌나 연약한지,
그대로 짐승의 먹잇감이 되어버리곤 했던
공포가 아직도 뇌리에 도사려 있다.

현재 인간은 숲 밖에서 살아간다.
숲 밖이 문명이자 이성이고 편리라면,
숲은, 진정한 의미의 숲은 사라져버렸다.
우리에게 숲은 피톤치트가 뿜어져 나오는
산림욕과 휴양의 장소로 전락해버린 것이다.

하지만 진짜 숲, 우리가 잃어버린 그 거대한 숲은
우리가 떠난 본능과 공포의 세계를 상징하기도 한다.
즉, 잃어버린 숲은 우리의 내면에 있으나
직접적으로는 들어가지 못하는 무의식과 똑 닮았다.
그리고 언제부터인가
진짜 숲을 잃어버린 문명 세계의 인간은

자신의 무의식으로 여정을 떠나고 싶을 때
숲으로 들어간다.
숱한 옛날이야기의 주인공이
숲으로 들어가는 이유가
바로 여기에 있다.

하지만 숲은 누구 한 사람만의 것이 아니라
집단 기억이 도사리는 곳이기도 하다.
그래서 숲에 들어가면 어디서 본 듯한
기시감을 느낀다.
무의식의 숲에 들어갈 때
이야기라는 실을 따라간다.
공포는 늑대의 얼굴을 하고 이야기 숲에 출몰하고,
불안은 잘못 건드린 덤불 속에서
후르르 날아오르는 나비 떼처럼 퍼진다.
이 공포와 불안이 나만의
공포와 불안이 아닌 것처럼,
숲속에서 길을 찾는 것도 나만의 여정은 아니다.

숲속에서 자꾸만 마주치는
친숙한 것들이 궁금해지면,
이제 가시덤불을 헤치고
사람들이 잘 다니지 않는 오솔길로
발걸음을 내디딜 시간이다.

1장

쌍년이 되는 건 해법이 아니다

내 안의 구덩이에서 벗어나
함께 걷는 고원으로 나아가라

이제 치유라는 말은 쓰지 않겠다. 대신 회복에 대해 이야기하려 한다.

치유는 고통과 슬픔을 전제로 깔고 있어서 자꾸 구덩이를 파고들어가게 만든다. 이럴 때 글을 쓰면 도움이 된다. 고통과 슬픔을 언어로 빚어내 표현하는 행위는 상처를 보듬는 효과가 있기 때문이다. 요즘 서점마다 '괜찮아' 유의 자기 치유와 위로의 메시지로 가득한 에세이가 넘쳐난다. 나는 종종 아픔과 고통을 글로 표현해 치유되면 그다음에는 어디로 가야 할지 생각했다. 게다가 글로 쓴

다고 해서 한번에 온전히 치유되는 법은 없다. 어떤 상처든 서서히 치유되기 때문이다.

그렇게 몇 년이 지나자, 치유 대신 회복이라는 단어가 떠올랐다. 회복이라는 말에는 아팠다가 건강을 되찾는다는 의미도 있지만, 당연히 누려야 하는 지위와 상태로 돌아간다는 의미도 있다. 그러니까 아픈 게 나아 마땅히 누려야 할 상태로 돌아가고 싶었다. 회복해야 했다. 고통과 슬픔을 치유하기 위해 애를 써도 여전히 나라는 구덩이에만 갇혀 있는 것처럼 느껴졌다. 왜 그런지 알 수 없었다. 이렇게 자신만의 고통에 함몰되는 건 아닐까 싶었다.

물론 주변에 아프고 힘든 이가 있다면 그의 편에서 생각하고 목소리를 들어주어야 한다. 그러나 고통과 아픔의 원인이 이미 오래전에 사라졌는데도 여전히 마음이 과거에 머물러 있는 사람도 있다. 어릴 적 가난했던 사람 중에는 가난으로 웅크렸던 마음에서 벗어나지 못하는 사람이 많다. 지금은 물질적으로 남부럽지 않게 살면서도 말이다. 이들은 언제나 가난하다. 아껴 쓰고 저축하는 습관은 칭찬할 만하다. 그렇지만 삶을 즐길 줄 모르는 것도 아쉽고, 남에게 베풀지 못하는 모습은 더욱 아쉽다. 물질적인 결핍이 이들의 내면에 움푹한 구덩이를 파놓은 것이다. 가난

> "힘든 산길을 오르고 오르다 마주하는 평지, 그 평지를 걷는 것이 바로 회복이 아닐까?"

으로 인한 결핍의 덫에 평생 갇혀 사는 것은 하나의 예일 뿐, 이보다 더 크고 깊은 결핍과 상처의 구덩이도 많다.

치유 대신 회복을 떠올리자, 자신마저 함몰되기 쉬운 구덩이 대신 평평한 고원이 보였다. 힘든 산길을 오르고 오르다 마주하는 평지, 그 평지를 걷는 것이 바로 회복이 아닐까? 구덩이처럼 푹 팬 계곡에서 벗어나 산을 오르다가 평지에 가닿자, 드디어 내면의 움푹한 구덩이들이 메워져 평평해지는 것 같았다. 앞으로도 올라야 할 산은 많지만, 평지를 걸어본 이는 다른 봉우리를 오를 힘을 비축한다. 또 산을 오르다 보면 언젠가 다시 평원을 마주치리라는 믿음과 희망이 생긴다.

치유의 구덩이는 혼자 들어가 앉아야 하니 궁벽하다. 그러나 계곡을 벗어나 산을 오르는 자는 혼자만 산을 오르는 게 아니라는 사실을 깨닫는다. 그래서 회복이라는

말을 쓰고 싶었다. 혼자서 구석에 코 박고 고통에서 벗어나지 못하면서 치유되기만을 바라기보다는, 고원에 올라 주위를 둘러보길 바란다.

이제 고통과 아픔의 구덩이를 벗어나 고원으로 나아가는 여자 주인공들의 이야기를 통해 회복을 이야기해보자.

하얀 피부와 붉은 입술, 부모의 욕망을 투영한 백설공주

백설공주 이야기부터 살펴보자. 백설공주야말로 사회에서 여성들이 받는 문화적인 영향, 그 작용과 반작용의 상황을 잘 보여주는 이야기이기 때문이다.

아이를 가진 왕비는 손가락이 바늘에 찔리는 바람에 눈에 떨어진 핏방울을 보고, 아이가 눈처럼 하얀 피부, 피처럼 붉은 입술, 흑단처럼 검은 머리를 갖고 태어나기를 소망한다. 아직 태어나지도 않은 아이의 외모를 이렇게 구체적으로 욕망하는 것은 유전자 조작으로 아이를 낳겠다는 것과 다를 바가 없다. 백설공주도, 유전자 조작으로 태어난 아이도, 모두 부모의 욕망을 투영한 대상이다. 따라서 백설공주 이야기는 뿌리 깊은 대상화에 대한 것이다.

사회에 깔려 있는 여성 차별의 구조적인 기제를 깨닫기까지 오랜 시간이 걸렸다. 그러나 여기서 벗어나는 일은 어찌나 힘든지, 아직도 다 벗어나지 못한 것 같다. 그 중에서도 끝까지 내 머릿속에 들러붙어 있던 것이 바로 로맨스에 대한 환상이었다. 사랑은 당연한 것이 아니냐고 하겠지만, 사랑은 당연할지 몰라도 로맨스는 당연하지 않다.

로맨스의 번역어인 연애(戀愛)는 한자어인데, 서구의 문화가 일본의 난학(蘭學)을 거치면서 생겨난 단어다. 그러니까 연애라는 단어가 이 땅에 들어오기 전에는 이 땅에 연애는 없었다. 사랑은 순우리말이 있었지만, 연애는 그 단어가 생기고 나서야 경성의 댄디 보이들과 모던 걸들이 연애라는 걸 하기 시작했다.

누구나 안다. 사랑하는 마음은 누구에게든 생길 수 있

지만, 관계는 철저히 제도에 구속된다는 것을. 제도가 허락하는 관계에 속한 사람만 사랑한다면 얼마나 좋을까. 그러나 마음이 뻗어가는 길을 제도가 막을 수는 없다. 대신 마음이 몸을 움직여 행동으로 옮기는 것은 막을 수 있다. 그래서 가부장 제도는 여성들이 맺을 수 있는 관계를 극도로 제한하는 경향이 있다.

서구에서 로맨스라는 단어는 수백 년의 역사가 있고, 자의식이 눈뜨면서 서서히 발전해왔다. 그러나 너무나도 오랫동안 인간은 남자뿐이었다. 'man'이라는 단어가 남자와 인간이라는 뜻을 동시에 지닌 것만 봐도 알 수 있다. 그러니 자의식이 눈뜬다는 것은 어디까지나 남자의 자의식이 자란다는 의미였다. 더 정확히 말하면, 신을 중심으로 한 집단의 일부였던 개인이 홀로 섰다는 뜻이다.

한편 신에 대한 믿음은 인간의 자의식이 발전해가는 과정 중 하나였다. 여러 신을 믿던 단계에서 벗어나 단일 신을 믿는 단계에 이르자 서구에서는 '존재의 사슬(The Great Chain of Being)'이라는 위계질서로 세상과 우주의 질서를 설명하고 인간의 위치를 자리매김했다.

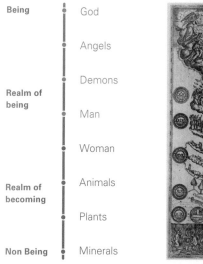

Being	God
	Angels
	Demons
Realm of being	Man
	Woman
	Animals
Realm of becoming	Plants
Non Being	Minerals

- ■□ 존재의 사슬. 가장 위에 신이 있고 그 아래 천사와 악마, 그 아래 남자, 남자 밑에 여자, 인간 아래에 동물, 식물 및 광물이 존재한다.
- □■ 과거 유럽의 세계관은 이 위계가 빡빡하게 세워진 상태였다. 그리고 왕 아래 귀족까지 넣어서, 인간 사회의 계급과 지위가 신이 정한 위계이고 질서임을 공고히 했다.

'존재의 사슬' 세계관이 점차 느슨해지면서 인간은 개인으로서 자신을 자각하기 시작했다. 개인의 자의식이 움트는 과정은 개인의 감정을 노래하는 문학에 잘 드러난다. 이전에는 영웅 서사시 중심으로 집단 서사를 읊었다면, 점차 한 사람의 감정을 노래하는 시가 생겨난 것이다. 그 과정에서 인간의 인식이 어떻게 변했는지 살펴보는 것도 흥미롭다. 물론 사랑의 감정을 노래하는 시는 예전에도 있었지만, "갑돌이와 갑순이가 사랑을 했대"라는 3인칭에서 "나는 모모가 그립네"라며 1인칭으로 옮겨 오기까지는 꽤 오랜 시간이 걸렸다.

남성이 준 유리 구두에 맞춰
발을 자르던 여성

문제는 '남자'인 개인의 감정이 여성을 대상화하면서 표현되기 시작했다는 점이다. 인간이 존재의 사슬에 묶여 있다가 비로소 눈을 뜨기 시작한 태동기를 르네상스라고 한다. 《신곡》으로 유명한 단테, 《데카메론》으로 유명한 보카치오 그리고 페트라르카는 '세 개의 왕관' 혹은 '세 개의 분수'라고 불리며 이탈리아 르네상스의 문을 열었다. 특히 페트라르카는 14행으로 된 소네트라는 시 양식을 만들어 라우라라는 여성에 대한 사랑과 연모를 절절히 담아냈다. 이것이 로맨스의 시작이다.

소네트라는 시의 형식까지 만들어가며 라우라를 찬양하던 페트라르카는 가톨릭 수도자였다. 라우라와 말이라도 섞어보았냐면, 그렇지 않다. 다른 남자의 아내인 멀고 먼 여성을 마치 살과 피가 없는 존재처럼 이상화해서 우러러보고 추앙했다. 이상화도 대상화다. 살과 피로 된 감정과 생각이 있는 전인적인 존재가 단 몇 가지 요소로 줄어들어 환원되는 것이다. 환원이라는 뜻의 영어 단어가 '줄이다'라는 뜻을 가진 reduce인 것도 우연은 아니다. 대상화는 결국 여성들에게는 프로크루스테스의 침대인 셈이다. 그리스 신화에 나오는 괴물인 프로크루스테스는 지나가는 나그네들을 잡아서 침대에 눕힌 후 다리가 길면 잘라서 죽이고, 짧으면 늘려서 죽인 것으로 유명하다. 어떤 이미지로 이상화되면 여성들은 그 이미지에 못 미치는 부분을 잡아 늘려 맞추거나, 관련 없는 부분을 잘라 낸다. 《신데렐라》에서 유리 구두에 발을 맞추는 것이 이와 같다. 신데렐라의 의붓언니들은 발가락이나 발뒤꿈치를 잘라 유리 구두에 발을 맞췄다.

페트라르카의 뒤를 이어 단테는 《신곡》에서 베아트리체를 천국의 장미 방에서 만나는 성스러운 존재로까지 격상시킨다. 단테 역시 베아트리체와 손 한 번 못 잡아본 사이라는 건 두말할 나위가 없다. 피와 살이 없고, 영적인 안내자이며, 남자의 구원인 여성의 이미지는 이렇게 굳어진다.

여성을 대상화시키는 로맨스는 낭만주의 사조에 이르러 새로운 국면에 접어든다. 낭만주의의 발전 양식을 알면 인간의 인지가 어떻게 발전되었는지 이해하기 쉽다. 지금은 낭만이나 연애가 아주 당연한 단어라서 이런 인식이 없었던 시대를 상상하기란 쉽지 않다. 흔히 낭만주의 시를 사랑만 읊는 시로 오해하기 쉬운데, 후기 낭만주의 시가 그렇다. 전기 낭만주의 시는 자연에 감정을 투사한다. 내가 기쁘면 수선화들도 흐느적거리며 같이 춤추고, 무지개가 뜨며, 내 심장을 뛰게 한다는 묘사가 등장한다. 현대인들에게는 무엇이 특별한지 알 수 없다. 우리에게는 이러한 정서가 이미 디폴트이기 때문이다.

낭만주의 이전 시대를 이성의 시대라고 부르는데, 이 시기의 인식을 살펴보면 매우 놀랍다. 이성의 시대는 인간이 이성적이라기보다는(지금도 인간이 이성적이라고만 생각하는 사람은 아무도 없다), 비이성적인 것을 매우 두려워했던 시대라고 보면 된다. 문제는 무엇을 비이성이라고 정의했는가다.

이 시대에 영국에서는 광기와 비이성을 정의하고는 전국적으로 정신병자를 어사일럼(Asylum)이라고 하는 시설에 가두기 시작했다. 이곳은 영화 〈아마데우스〉에서 살리에르가 갇혀 있던 시설로 얼핏 등장한다. 또 누이와 함께 셰익스피어의 작품을 어린이용으로 수려하게 다시 써낸 찰스 램이 어머니를 찔러 죽인 누나 메리를 이곳에 입원시키고 퇴원시키며 그 고통을 쓴 글에도 등장한다. 혹은 빅토리아 마스의 동명의 소설을 원작으로 한 영화 〈광녀들의 무도회〉를 보면 잘 알 수 있다.

이 시대에는 지극히 개인적인 감정을 정신병으로 정의했다. 대표적으로 이 당시 지식인들이 고독(solitude)이라는 개념을 얼마나 부정적으로 묘사했는지 알면 매우 놀랄 것이다. 현대의 우리가 제법 감미롭고 낭만적인 의미에서 '고독을 음미한다'고 표현하는 것을 보면 매우 놀라운 일이다. 당시 사람들은 개인이 집단에서 떨어져서 혼자 있는 것을 지극히 부정적인 행위로 낙인찍었다. 더 나아가 개인적인 감정을 아예 정신 장애로 정의하기도 했다.

이러한 시대에 워즈워스가 등장했던 것이다. 그의 대표 시가 바로 〈외로운 추수꾼(The Solitary Reaper)〉이다. '외로운(solitary)'이라는 단어를 쓰는 것도 용기가 필요했고, 자연에 홀로 있는 인간을 아름답게 묘사한 것도 혁명적이었다. 혼자 있는 인간은 당연히 젊은 여성이다. 늙은 여성이나 결혼한 여성, 일명 아줌마는 용도 잡아가지 않기 때문이다. 이러한 자연과 여성을 관찰하고 노래하는 주체로서 개인인 남성이 드디어 본격적으로 부상한 것이다.

혼자 있는 개인을 그렸다는 점에서 인간의 의식이 발

숲은 깊고 아름다운데

달한 것은 긍정적이다. 그렇지만 자연과 여성을 동시에 대상화시키며 발달한 자의식이라는 점은 꼭 강조하고 싶다. 이때부터 서구에서 자연은 인간의 감정을 투사하는 거울이 된다. 생존을 위협하던 무시무시한 자연은 인간의 자의식과 문명에 슬그머니 밀려났다. 더불어 여성은 개인으로서의 남성에 의해 감정을 투사당하는 성애의 대상으로 그려지기 시작한다.

가부장 권력에 순응하느냐, 평가당하느냐, 양도되느냐

백설공주 이야기는 대상화되는 여성들의 유형이 어떠한지, 여성들이 대상화라는 작용에 어떻게 반응하며 어떤 반작용을 일으키는지 보여준다. 백설공주의 어머니 왕비와 계모 왕비, 백설공주는 모두 대상화된 여성들의 원형이다. 계모 왕비가 끊임없이 자신의 가치 평가를 거울에 의존하는 것은 거울이 가부장 권력의 시선이기 때문이다. 그러나 거울에 비친 외모로만 존재의 가치가 오롯이 매겨지는 심사대에 고분고분 오르는 여자들의 삶은 생각만큼 단순하지 않다.

백설공주의 어머니 왕비는 가부장 사회의 요구에 순응하는 전형적인 예다. 배 속에 있는 아이가 눈처럼 하얀 피부, 피처럼 붉은 입술, 흑단처럼 검은 머리를 갖길 원하며 외모에 대해서만 욕망하는 이 여성은 대체 자신의 욕망이 누구의 것인지 알기는 할까? 자신이 갇힌 사회의 지배적인 가치를 그대로 내면화하면, 자신이 품은 욕망이 자신의 것이 아니라는 사실조차 깨닫지 못한다. 남자들이 좋아하는 여성의 외모를 아이에게 욕망하면서 어머니 왕비는 그 욕망이 자신의 욕망이 아니라는 사실을 모른다. 이것이 길들여진 채 순응하는 여성의 삶이다. 그리고 순응하는 여자답게 조용히 죽는다. 이렇듯 의미 없는 존재는 이야기에서 사망 처리되어 사라진다.

그렇다면 백설공주는 어떤 존재일까? 남자들이 바라는 욕망을 모두 투사해서 태어나, 그 욕망을 고스란히 구현하는 존재다. 남자들이 만든 틀에 맞아떨어지는 존재는 행복할까? 백설공주 이야기 속 빌런인 계모 왕비는 너무

눈에 띈다. 그래서 백설공주의 현실은 이에 가려 드러나지 않는 경향이 있다. 그런데 백설공주 같은 존재로 산다는 것이 어떤 삶인지 예리하게 보여주는 소설이 있다. 백설공주 이야기를 포스트모더니즘의 시각으로 다시 쓴 도널드 바셀미의 《백설공주》다.

이 소설에서 백설공주는 낮에는 가사 노동을 하고 밤에는 일곱 난쟁이에게 성을 제공하며 왕자가 자신을 구원해주기를 기다리는 여성이다. 포스트모던하게도, 왕자는 자신이 왕자인 줄 모르고 백설공주의 옆집에 살면서 백설공주를 걱정하며 누군가가 구해주길 바란다. 그리고 계모 제인이 탄 독을 대신 먹고 죽는다. 그 사실을 모른 채 백설공주는 영원히 왕자를 기다린다.

이 소설은 너무나 비정한 현실을 그려낸다. 실제 대상화되는 자리에 자신을 끼워 맞춘 여성의 삶은 이렇다. 미인이 박복하다는 말은 남자들이 욕망하는 대상이 되는 여성의 삶은 일곱 남자의 대상이 되느라 매우 불행할 수 있다는 뜻이 아니었을까. 애플TV에서 방영되는 〈로어: 세상을 향한 함성〉이라는 드라마의 에피소드 중에는 〈선

반에 진열된 여자〉가 있다. 남성에게 사랑받는 것이 지고
의 가치라고 착각하고 그의 욕망에 순응하면서 대상화된
여성의 삶이 어떠한지 잘 그려낸다.

소설 《백설공주》에서 영감을 받았는지는 모르겠지만,
비슷하게 해석한 프랑스 영화도 있다. 〈스노우 화이트〉
(2019)는 10대 소녀 클레어가 계모가 사는 집을 떠나 일
곱 남자를 만나는 이야기를 그리고 있다.

사실 옛날이야기 속 백설공주의 현실은 엄밀히 따져보
면 도널드 바셀미의 백설공주가 처한 현실보다 더욱 비
정하다. 백설공주는 성적으로 대상화되고, 가사 노동에
시달리고, 같은 여자인 계모에게서 미움받다가 결국 유
리관에 박제된다. 일곱 난쟁이가 사과 조각이 목에 걸려
죽은 백설공주를 유리관에 넣어서 전시하는 장면은 이상
하지 않은가? 그 시절에 유리가 얼마나 귀했는지 떠올려
보면, 이들의 전시욕은 정말로 대단하다. 유리관에 전시
되는 여성의 이미지는 트로피와 연결된다. 트로피는 원
래 사냥해서 박제해 걸어둔 짐승을 가리키는 말이다. 욕
망해서 소유하고 전시하는 행태의 끝판왕이 바로 트로피

로 만드는 행위라고 할 수 있다. 백설공주를 유리관에 넣어서 전시하고 그것이 사랑이라며 슬퍼하는 일곱 난쟁이의 애정을 과연 아름답다고 할 수 있을까?

그러니 전시되던 백설공주가 더 많은 권력을 가진 왕자에게 양도되는 것은 어쩌면 당연한 일인지도 모르겠다. 양도는 구원으로 포장되고, 양도에 붙은 가치를 새롭게 평가하면서, 백설공주는 왕자의 키스를 받고 목에 걸린 사과 조각을 뱉어내고는 다시금 살아난다.

전시되고 양도되는 대상이 되는 것은 애초에 비극을 전제로 한다. 남자들이 이상화/대상화하는 대상에 자신을 꿰맞추고는 마치 여신의 제단에라도 올라간 듯 황홀한 도취에 빠지는 여자들도 있고, 이를 동경하는 여자들마저 있다. 매력도 자본이라면서 권력을 얻는 것으로 착각하기도 한다. 그러나 꼭 알아두어야 할 점이 있다. 그리스·로마 시대에 최고의 유혹자이자 아름다움의 여신이었던 아프로디테 신전의 여자 사제들은 창녀이기도 했다. 즉, 대상화의 자리에 올라가는 자는 자신을 판다. 그렇게 성녀는 곧 창녀가 되는 공식이 만들어진다. 정확하게 말하면, 남자들의 성녀는 남자들에게 자신을 파는 창녀다. 성모마리아와 일곱 귀신이 들린 창녀 막달라 마리아의 이름이 같은 이유이기도 하다.

쌍년이 되는 건 해법이 아니다

그렇다면 계모 왕비의 비극을 살펴보자. 어쩌면 이 이야기에서 가장 슬픈 건 계모 왕비다. 남자가 주인인 세상에서 남자의 힘을 빌려 권력을 등에 업은 여성들이 가장 똑똑한 듯 보이기도 한다. 이때, 백설공주의 계모 왕비를 떠올릴 필요가 있다.

현모양처라는 굴레에서 벗어나려는 욕망은 좋지만, 착한 여자의 안티테제인 나쁜 여자가 되는 것이 그 길이라고 여긴다면 큰 착각이다. 나쁜 여자, 쌍년 혹은 비치(bitch)가 되는 길이 해법이 될 수 없음을 계모 왕비가 잘 보여준다. 수단과 방법을 가리지 않고 성공한들 무슨 소용이 있을까? 이 여성은 자신의 존재 가치를 남자들에게 철저히 의존한다. 거울에 매달려서 세상에서 누가 가장 예쁜지 안달복달하고 자신보다 예쁘고 어린 여성을 적으로 삼는 한, 계모 왕비에게 구원이란 없다.

성애의 대상이 되는 것이 여신의 제단에라도 오르는 일인 것처럼 착각해서 낭만화의 허구에 빠지면, 백설공주 꼴이 난다. 착하고 어질게 순종하면서 자신의 욕망도 모르고 욕망의 주체가 되어보지도 못한 채 사는 여성은 백설공주의 어머니 왕비처럼 쓸모없다. '착하면 호구'라는 세간의 표현은 여기에도 딱 들어맞는다. 사실 의미 없는 존재가 되는 것만큼 인간에게 치명적인 대우는 없다. 나이가 들어서도 자신의 존재 가치를 스스로 키우지 못하고 남자들의 시선을 가치의 기준점을 삼는 백설공주의 계모 왕비 같은 삶은 비참하다. 여성을 오로지 살덩어리로 여기는 남성들의 가치관에 따르면,

> "욕망의 주체가 되어보지도 못한 채 사는 여성은 백설공주의 어머니 왕비처럼 쓸모없다."

언제나 살덩어리는 새로운 살덩어리, 더 어리고 예쁜 살덩어리로 대체될 수밖에 없기 때문이다.

로맨스는 여신의 제단이 아닌
트로피의 자리에 오르는 길이다

백설공주 이야기에 나오는 여성상을 이렇게 표현하고 보니, 마치 로맨스 파괴자라도 된 듯하다. 하지만 로맨스라는 기제에 기만당하면, 자신의 욕망 대신 남의 욕망을 욕망하며 살아야 한다는 뼈아픈 현실을 직시했으면 좋겠다. 그렇다고 해서 사랑이나 성애를 부정하고 싶지는 않다. 사람끼리 만나 사랑에 빠지려면 성애는 반드시 있어야 하지만, 상대를 성애의 대상으로 삼는 동시에 대상화하는 것은 어디까지나 문화적인 기제일 뿐이다. 우리는 성애화와 대상화에 대해 예민해지고 여기에서 벗어날 필요가 있다.

여성들이 어릴 때부터 빠지기 쉬운 환상 중 하나가 로맨스라는 것도, 성애의 대상으로서 남자들의 시선을 받는 일이 자기애의 늪에 빠진 자아를 거대하게 부풀려주는 달콤하고 황홀한 체험이라는 것도 부인하지는 않겠다. 그러나 대상화되는 자리는 여신의 제단이 아니다. 트

숲은 깊고 아름다운데

로피가 되는 자리일 뿐이다. 숭배와 추앙의 제단에 올라 여신이 된다고 해도, 여신의 신전에 복속된 여사제들은 몸을 파는 매춘부이기도 했다는 점을 잊지 말자. 과거에는 매춘에 신을 영접하는 의미가 있었다지만, 현대에 와서 그런 식의 교접은 사이비 교주나 하는 소리다.

그러니까 여성은 대상화, 즉 로맨스라는 덫에서 빠져나와야 자기 가치의 고원(高原)에 도달해 회복할 수 있다. 공주 이야기의 결말인 "그 후로 오래오래 행복하게 살았습니다"가 현실에는 존재하지 않는 것을 알고 삶의 풍경을 찬찬히 둘러봤으면 좋겠다. 내가 거쳐온 계곡과 늪과 함정이 지금의 나를 만들었으니, 고난의 풍경조차 긍정해야 한다. 앞으로 거쳐야 할 봉우리와 계곡과 늪과 사막을 과거에도 능히 헤쳐나왔다는 것을 믿어야 온전히 회복된 상태가 되리라.

모린 머독은 젊은 시절에 조지프 캠벨에게 "여성은 삶에서 어떤 여정(journey)을 떠나야 하나요?"라고 물은 적이 있다. 조지프 캠벨은《영웅의 여정》과《천의 얼굴을 가진 영웅》을 쓴 신화비평의 대가다. 조지프 캠벨이 세운 영웅의 여정은 지금도 글을 쓸 때 기본 얼개로 삼는다. 그 질문에 대한 조지프 캠벨의 대답은 이렇다. "여자는 아무 데도 가지 않는다"고.

그 말이 얼마나 여성에게는 잔인한지, 아마도 캠벨은 몰랐을 것이다. 1904년에 태어난 남성이 여성을 얼마나 이해했을까. 사실 이해할 필요를 못 느끼는 기득권자이기도 했다. 아무 데도 가지 않는 여성이라는 말은 여성이 남자의 고정 좌표라는 뜻이다. 즉, 남자들이 온 세상을 돌아다니며 모험을 거치며 영웅으로 성장하는 동안, 여성들은 남자를 기다리는 고정된 좌표로 전락한다. 어릴 때 〈솔베이지의 노래〉라는 가곡을 들으며 이유도 모른 채 치를 떨 만큼 싫어했던 이유가 바로 이 때문이었다. 호호 할머니가 되도록 어디에도 가지 않고 그저 기다리는 것 말곤 삶의 의미가 없는 여성의 삶을 지고의 사랑이라고 칭송하는 것도, 다 늙어서 쓸모도 없어진 남자가 "역시 너밖에 없어!"라고 무릎 꿇는 이야기도, 정말 싫지 않은가. 그런데 캠벨은 여성들의 위치가 그렇다고 못 박은 것이다.

캠벨의 답에 크게 상처받은 모린 머독은 수십 년을 다듬고 별러서 여성 영웅들의 여정이 어떠한지 책으로 써낸다. 바로 《여성 영웅의 탄생》이다. 개정판은 《내 안의 여신을 찾아서》인데, 캠벨이 주장한 영웅의 여정의 여성판이라는 점을 생각할 때 이전의 제목이 더 의미심장하다. 또한 《천 개의 얼굴을 가진 영웅》이라는 책에 대해, 마리아 타타르는 《1,001개의 얼굴을 가진 여성 영웅(The Heroine with 1001 Faces)》이라는 책을 써낸다.

여성은 영웅이 되는 여정을 걷지 않는다니. 소유하고 싸우고 쟁취하며 트로피를 얻는 여정만이 영웅의 여정이라면, 캠벨의 말이 맞을 수도 있다. 하지만 다른 의미의 여정도 있다. 바로 치유와 회복의 길이다. 여성들은 아무 데도 가지 않는 것처럼 보이지만 내면의 숲으로 여정을 떠난다. 치유는 단순히 고통이 사라지는 거라면, 회복은 지위와 자존감을 공고히 하는 행위다. 여성들은 회복의 서사를 자아내는 영웅의 여정을 걸으면 된다. 부디 천 개의 바람을 쐬며 천 개의 얼굴을 모두 풀어내는 충만한 삶을 살기를 소망한다.

2장

소년이 걸어야 하는
자기 몫의 황무지

통과의례는 힘의 근원을
확인하는 과정이다

과거에는 어린이가 자라 나이만 먹는다고 해서 어엿한
집단 구성원으로 인정받지는 않았다. 구성원으로 인정받
으려면 통과의례인 성인식을 치러야 했다. 집단에 입문
(initiation)한다는 뜻에서 성장담은 initiation story라 불
린다. 한국에도 무거운 바위를 들거나 한밤중에 산에서
혼자 버티는 정도의 성인식이 있었다.

레저스포츠로 알려진 번지 점프는 오세아니아 바누아
투 지역의 원주민 남성이 거치는 성인식이었다. 젊은 남
성은 높은 곳에서 뛰어내려야 어엿한 구성원으로 인정받

고 결혼해서 부족에 정착할 수 있다. 가장 높은 곳에서 뛰어내린 젊은이가 가장 예쁜 아가씨를 얻는다. 어떤 부족의 청년들은 홀로 며칠이고 헤매며 사냥해야 한다.

내게 가장 인상 깊었던 성인식은 SF의 대가인 아서 클라크의 '라마' 시리즈에 등장한다. 아프리카 사하라 지역에 있는 부족의 소년 소녀들은 광야에서 홀로 추위와 굶주림을 견디며 수십 일을 버틴다. 그러면서 영적인 체험을 하고, 영혼의 동물을 만나 그 동물이 주는 증표를 가져와야 한다. 이 증표는 부적처럼 평생 몸에 지닌다. 인생의 고난을 만나면 이 부적을 보며 통과의례를 되새기고 자신의 힘의 근원을 다시금 확인한다. 이러한 부적은 내면의 힘을 끌어내어 시련을 극복한 증표다. 그래서 삶의 위기를 마주칠 때마다 그 힘을 다시 끌어내 쓸 수 있는 내면의 보물창고가 된다.

현대 같으면 황야에 청소년을 혼자 두는 일은 아동학대라 당연히 하면 안 되지만, 통과의례가 삶에 기여하는 긍정적인 의미를 살린 여정은 필요하지 않을까 싶다. 그래서 책을 읽으며 누군가의 통과의례를 따라가는 일이 어느 때보다도 중요하다. 성장담은 옛날이야기에도 많고, 소설과 영화에도 많다. 어떤 이야기이든 소년과 소녀의 성장에 자양분이 될 것이다. 그중에서 옛날이야기에 숨어 있는 성장의 비밀은 감추어둔 보물과 같다. 비밀을 읽어내면 성장의 힘으로 삼을 수 있는, 아름답게 빛나는 보석이 된다.

소년이 남자가 되려면
심리적 탯줄을 끊어야 한다

소년이 남자가 되는 법을 그린 옛날이야기는 많은데, 내가 가장 좋아하는 이야기는 《베오울프》, 〈아이언 존〉 그리고 《태양으로 날아간 화살》이다.

《베오울프》는 고대 영어로 된 영웅 서사시로, 앵글로색슨족이 영국으로 건너오기 전부터 구전되던 이야기다. 덴마크 왕 흐로드가르는 밤마다 미드 홀(왕과 전사들이 모여서 함께 먹고 마시고 자던 공적인 공간)을 습격해 전사를 한 명씩 죽이는 괴물, 그렌델이 출몰해 골머리를 앓는다.

이 소문은 바다를 건너 기트족의 용사인 베오울프에게까지 전해진다. 베오울프는 기트족 왕에게 허락을 받고 혼자서 이 괴물을 물리치러 바다를 건너온다. 그날 밤, 그렌델이 다시 습격하자 베오울프는 맨몸으로 싸워 혈투를 벌인 끝에 그렌델의 팔을 뽑아서 죽인다.

그렌델이 죽자, 모든 위기가 끝난 줄 알고 미드 홀에서는 잔치가 벌어진다. 그러나 자식을 잃은 그렌델의 어미가 복수를 하러 미드 홀을 습격한다. 또다시 사람들이 죽고 다치자, 베오울프는 그렌델의 어미를 없애기 위해 깊고 깊은 지하까지 따라간다. 그렌델의 어미에게는 인간이 만든 보검도 통하지 않아서 고전을 면치 못한다. 그러다가 베오울프는 동굴 벽에 걸린 녹슨 검을 발견한다. 그 검으로 그렌델의 어미를 공격했고, 드디어 괴물을 쓰러뜨린다.

덴마크를 구하고 영웅이 된 베오울프는 고향으로 돌아가 왕위를 물려받는다. 시간이 흘러 나이가 들었을 때, 무시무시한 괴물, 불을 뿜는 용이 쳐들어온다. 용의 거처에서 어느 용사가 황금 잔을 훔쳐 베오울프에게 바쳤는

숲은 깊고 아름다운데

데, 이를 찾으러 온 것이다. 베오울프는 거대한 옛 검을 들고 용에 맞서서 힘껏 싸운다. 결국 용을 무찌르는 데 성공하지만, 베오울프도 치명적인 상처를 입는다. 그래서 베오울프는 왕위를 위글라프라는 젊은 용사에게 넘기고 결국 숨을 거둔다.

이 이야기에서 눈여겨볼 점은 그렌델을 죽이는 방법이다. 칼이나 창이나 도끼와 같은 무기를 쓰는 대신, 팔을 뽑아 죽였다. 사실 '그렌델 죽이기'는 내면의 동물적인 본성 죽이기 혹은 길들이기에 해당한다. 팔은 '능동적인 탐색과 획득'을 의미하므로, 이를 뽑아 죽이는 것은 본능이 삶에서 주체가 되지 않도록 길들인다는 뜻이다.

> "팔은 '능동적인 탐색과 획득'을 의미하므로, 이를 뽑아 죽이는 것은 본능이 삶에서 주체가 되지 않도록 길들인다는 뜻이다."

이는 소년이 남자로 자라는 과정의 첫 단추이기도 하다.

그렌델의 어미를 죽이는 일도 그렌델 죽이기 못지않게 중요하다. 그리고 그 과정은 그렌델을 죽이는 것보다 훨씬 어렵다. 일단 이름이 없는 존재는 위험하기 때문이다.

성경에서도 예수는 거라사의 광인을 만났을 때 광인의 몸에 들어간 귀신의 이름을 가장 먼저 물었다. 이는 이름을 알면 결박하여 겁박하거나 쫓아낼 수 있기 때문이다. 이름은 가장 근원적인 언명 주술(言明 呪術)이다. 그래서 드라마 〈악귀〉에서도 주술의 최종 단계는 악귀의 진짜 이름을 알아내는 일이었다. 이름이 있다는 것은 정의(定義)된다는 뜻이고, 이는 제한에 묶인다는 것이다. 상상계에서 존재는 이름에 의해 구속된다. 그런데 이름조차 없는 존재는 아주 오래되어 잊힌 옛 신이거나, 아주 깊은 무의식에서 올라온 근원적인 힘이다. 그렇기에 이름이 없어서 그렌델의 어미로만 불리는 존재는 더욱 무섭고, 한 개인이 통제하기 힘들다.

그렌델의 어미를 죽이기 위해 베오울프는 지하 세계로 간다. 지하 세계로 하강하거나 어두운 동굴이나 숲으로 들어가는 일은 전형적으로 무의식의 세계로 들어간다는 뜻이다. 베오울프가 깊은 무의식으로 내려가 만나는 존재는 원시 모성이다. 원시 모성은 아주 오래되어서 이름도 없고, 남성의 자의식 깊은 곳에서 영향력을 발휘한다.

러시아 민담에 나오는 숲속의 마녀 바바야가와 마찬가지로 선하지도 악하지도 않지만, 뒤틀리면 굉장히 파괴적인 힘이 되기도 한다. 고대 신화에 등장하는 어머니 신 중 원시 모성의 파괴적인 힘을 형상화한 경우도 있는데, 대표적인 것이 인도 신화의 칼리 여신이다.

베오울프는 무의식의 세계로 내려가 파괴적인 원시 모성을 발견하고 오래된 칼로 베어 죽인다. 이는 파괴적인 내면의 힘을 죽이는 힘 또한 내면에 있다는 뜻이다. 한편 부정적인 어머니의 영향에서 벗어나려면 '심리적인 탯줄'을 끊어내야 한다는 뜻이기도 하다. 그래서 그렌델의 어미를 오래된 칼로 베어 죽이는 것이다. 즉, 남성은 동물적인 본성을 길들인 후에, 내면 깊은 곳에서 어머니와의 심리적인 탯줄을 끊어내야 어른이 된다.

마지막으로 베오울프의 인생 후반에 등장하는 용은 어른이 되기 위한 입문 과정이 아니다. 오히려 인생의 마지막에 거치는 시험이다. 젊은 남자가 납치된 공주를 구하는 이야기 속의 용과는 달리, 대부분의 비평가는 베오울프 이야기에 나오는 용을 형이상학적인 악(metaphysical evil)으로 해석한다. 쉽게 말하자면 권력욕으로 인한 시험이라는 말이다. 베오울프가 죽으며 왕위를 젊은이에게 물려주는 장면을 보면 인생의 막바지에 용과 싸우는 일이 권력에 관한 시험임이 분명해진다. 사람은 나이가 들며 점차 여러 가지 욕구를 내려놓는데, 마지막까지도 내려놓지 못하는 것이 권력욕이라고 한다. 세상이 바뀐 줄도 모르고 늙은이가 세상을 지배하겠답시고 권력욕을 부리면, 세상은 초토화되고 만다. 마치 황금 잔을 도둑맞은 용과 같다. 삶의 가장 마지막인 욕망인 권력욕을 상징하는 용이 죽자, 베어울프도 죽는다. 권력욕을 잘 갈무리하고 다음 세대에게 물려주고 죽으면 남자는 영웅으로 기억된다.

소년, 야인을 길들여
황금을 찾아내다

'아이언 한스'라고도 하는 〈아이언 존〉의 왕자가 거치는 세 가지 시험은 소년이 남자가 되기 위해 거치는 단

숲은 깊고 아름다운데

계를 잘 보여준다. 이 이야기에는 숲속에서 난동을 부리는 야인이 등장하는데, 야인 또한 소년 속의 동물적인 본성을 의미한다. 왕자의 아버지인 왕은 야인을 잡아들여 우리에 가둔다. 즉, 사회 질서가 소년의 동물적인 본능을 억압한다는 뜻이다.

소년은 야인의 우리에 굴러 들어간 공을 돌려받기 위해 열쇠를 훔쳐서 우리를 열어준다. 그런데 열쇠가 숨겨져 있던 곳이 어머니 왕비의 베개 밑이라는 사실은 의미심장하다. 소년이 성에 눈을 뜬다는 의미이기 때문이다. 우리를 열어주고 야인과 함께 숲으로 도망치는 모습도, 결국 성적으로 금지된 행위를 하고 수치심을 느껴 도주하는 것으로 해석할 수 있다.

야인의 숲에 들어가서야 왕자는 동물적인 본성을 억누르는 법을 배운다. 이는 연못에 물이 차오르는 것을 지켜보며 만지지 말라는 금기를 깨뜨리면서 완성된다. 금기를 지키는 인내심을 통해 동물적인 본능을 다스리게 되자, 소년은 연못 가득 차오르는 황금빛을 만져 황금 머리칼을 얻는다. 동물적인 본성과 마찬가지로 내면 깊은 곳에는 존귀한 본성도 존재한다. 내면의 연못이나 우물은 남성의 심리 깊은 곳에 자리 잡고 있으며, 이 연못에서 귀한 본성을 찾아내야 한다. 이것이 첫 번째 시험이다.

이제 왕자는 세상으로 나간다. 세상에서 소년의 위치는 보잘것없다. 누구나 부모 슬하에서는 귀한 왕자와 공주이지만, 세상에 나가면 별 볼 일 없지 않은가. 동화에서 왕자와 공주가 그렇게 많이 등장하는 것은 부모 슬하라는 좁디좁은 왕국에서는 누구나 왕자와 공주이기 때문이다. 한편 상징계에서는 누구나 내면의 귀한 본성으로 인해 태어날 때부터 왕자와 공주다. 어쨌든 왕자는 세상에서 정원사 보조에 불과하다. 보잘것없는 정원사 보조로 있다가 숨겨둔 황금 머리칼을 공주에게 들킨다. 두 번째 시험은 소년의 참되고 귀한 본성을 알아봐주는 여성을 만나는 것이다.

마지막 시험은 입신하기다. 왕자는 숲속의 야인인 아이언 존에게서 귀한 갑옷과 무기와 말을 얻는다. 이는 잘 갈무리되고 벼려진 동물적인 본성은 귀한 힘의 원천이 된다는 뜻이다. 그리고 전쟁에 나가 승리하고 자신의 존

숲은 깊고 아름다운데

재를 세상에 알린 후에 공주를 얻어 결혼하고, 원래 왕국으로 돌아가 왕국을 상속받는다.

더 나아가 야인조차 왕이 되어 찾아온다. 자신의 이름은 아이언 존이고, 그동안 마법에 걸려 있었으며, 이제 마법이 풀렸다며 감사 인사를 한다. 동물적인 본성조차 귀한 힘으로 길들이면 아버지에서 아들로 이어지는 정당한 상속자가 될 수 있음을 잘 보여준다.

이 이야기에서 가장 중요한 교훈은 남성은 내면의 동물적인 본성을 잘 갈무리해서 이를 황금처럼 귀한 힘으로 빚어내야 한다는 것이다. 또 하나 중요한 점은 여성과의 관계다. 여성은 세상에서 입신한 후 트로피처럼 얻는 존재가 아니며, 오히려 그 전에 보잘것없을 때 남자의 귀한 속성을 알아봐주는 존재다. 이 존재와 관계를 맺는 것은 남성의 성장에 중요하다.

왜곡된 남성 집단 문화에 길든 남성들은 사회적으로 성공하면 예쁜 여자를 얻는다고들 생각한다. 여성을 성공의 트로피라고 여기는 사회에서 충분히 성공하지 못한 대부분의 남성은 열패감에 젖는다. 이 열패감을 여성에게 돌릴 때 여성 혐오가 나타난다. 진짜 분노할 대상인 상층의 남성 대신 만만한 존재에게 열패감의 탓을 돌리는 굉장히 비겁하고 비열한 기제다. 어쩌면 이 또한 본성일지도 모르지만, 사고와 비판을 통해 이 본성이 향하는 방향을 돌려 자신을 다듬는 성숙한 남성들이 많아졌으면 좋겠다. 인간은 본성만으로 사는 존재가 아니기 때문에 희망의 끈을 놓고 싶지 않다. 그래서 〈아이언 존〉이라는 옛이야기는 의미가 있다.

어른이 되기란 쉽지 않다

푸에블로 인디언의 옛이야기인 《태양으로 날아간 화살》은 〈아이언 존〉보다 한걸음 더 나간 이야기다. 주인공 소년은 아버지 없이 태어났다. 이야기에 따르면, 우리나라의 주몽처럼 햇빛이 스며들어와 여자를 임신시켜서 태어난 아이, 즉 태양의 아들이다. 소년은 나이가 들자 아버지를 찾으러 나선다. 궁시장(활 만드는 이)이 소년을 활에 메겨서 화살처럼 태양으로 쏘아준 덕분에 소년은 날아가 아버지 태양을 만난다.

아버지 태양은 소년을 아들로 인정하지 않는다. 대신 사자, 뱀, 벌, 번개의 키바(kiva, 일종의 방)에 들어갔다 나오는 시험을 거쳐야 한다고 말한다. 사자의 키바는 동물적인 본성을 다스리는 용맹함을 시험하고, 뱀의 키바는 대지에 붙어서 대지의 비밀을 가장 많이 알고 있는 뱀과 같은 지혜가 있는지 시험한다. 벌의 키바는 황금 꿀을 만들어내는 벌의 의미를 되새기는 곳이다. 여러 고대 신화에서 벌은 부활과 재생의 의미가 있어서, 벌의 키바를 통해 소년은 과거의 자신을 버리고 새로운 존재로 거듭난다고 볼 수 있다. 번개의 키바는 모든 남성에게 필요한 시험은 아니다. 번개는 내리꽂히는 속성으로 인해 떠오르는 통찰과 영감을 상징하기 때문에, 지도자가 되려는 사람이 반드시 갖춰야 하는 덕목이다.

소년은 키바를 거치며 각 키바가 부여하는 힘을 얻고 시험을 통과한다. 그리고 아버지 태양이 다시 지상으로 쏘아주어 자신의 마을로 돌아온다. 소년은 모든 사람을 불러 모아 생명의 춤을 추는 자가 되고 지도자가 된다.

즉, 소년이 어른이 되는 것은 공동체를 살리는 사람이 되는 데 의의가 있다. 이는 이 이야기가 다른 성장담과 구별되는 지점이다. "개인의 성장이 어떤 의미가 있는가?"라는 질문에 공동체를 살리는 일이라고 답하기 때문이다.

어른이 되는 일은 쉽지 않다. 나이가 들어 몸은 자라도 속은 여전히 어린이 같은 '어른이'들이 많은 시대에, 어떻게 하면 괜찮은 어른이 될 것인가? 그래서 어른이 되는 여정에는 방향타가 필요하다. 어른이 되기 위해 황야에 나가 헤맬 필요는 없다. 황야를 헤매는 여정을 거치며 평생 몸에 지닐 부적을 찾아 영적인 힘의 근원으로 삼았던 통과의례는 사라졌다. 그 대신 우리는 이야기 속 황무지를 헤매며 그 속에서 자신의 부적, 힘을 주는 영적인 증표를 찾아야 한다.

3장

아무 데도 가지 않아도
세상을 바꾸는 여자

소녀는 여자가 되기 위해
내면의 숲으로 들어간다

소녀는 여자가 되기 위해 어떤 여정을 걸어야 할까? 앞
에서 설명했듯, 조지프 캠벨은 여자는 아무 데도 가지 않
는다고 말했다. "모든 신화에서 여성은 전통적으로 '거
기', 그 자리에 있습니다. 여성이 할 일은 사람들이 도달
하려고 하는 곳이 바로 자신임을 깨닫는 것입니다. 자신
의 특성이 얼마나 놀라운지 여성들이 깨닫는다면, 유사
남성(pseudo-male)이 되겠다는 생각으로 자신을 망가뜨
리지 않을 것입니다."

구세대였던 캠벨이 보기에 여성들은 늘 그 자리에서 기

다리는 고정 좌표이자 귀환점이었다. 남성 중심의 이야기와 신화에서 남자 영웅은 전 세계를 돌며 모험을 떠나 온갖 여성을 만난다. 그러다가 늙고 병들면 돌아와서 여전히 기다리고 있는 늙은 여성을 껴안으며 "당신이 최고"라고 말한다. 남자들은 상징계에서 여성의 위치가 바뀌기를 바라지 않는다.

여성을 이해하지 못한 것은 카를 융도 마찬가지라, 여성의 심리 구조는 남성의 구조가 전복된 형태이므로 언어로 접근해서

> "여성은 거울 역할을 하느라 남자가 주인인 언어 밖으로 밀려났고, 이해의 밖, 몰이해 속으로 추방당했다."

밝혀낼 수 없는 불가해한 영역이라고 말한 적이 있다. 게다가 자신의 아내가 어찌나 고집스러운지 이해할 수 없다는 푸념도 잊지 않았다. 이해할 수 없는 게 아니라, 이해하고 싶지 않은 게 진실이 아닐까? 고정 좌표가 사라져서 귀환점이 사라지면 남성 주인공의 여정은 의미가 없어지니까. 그렇게 처음부터 끝까지 남자는 여자를 거울로 삼아 자신을 정의하려고 한다. 여성은 거울 역할을

숲은 깊고 아름다운데

하느라 남자가 주인인 언어 밖으로 밀려났고, 이해의 밖, 몰이해 속으로 추방당했다.

지금은 여성들이 자신들의 언어로 말하고 글을 쓰는 시대다. 이것이 언어의 싸움, 이름의 싸움이라는 것을 깨달은 여성들은 여성을 표현하는 언어를 만들어냈다. 그리고 여성이 주체가 되는 이야기를 만들기 위해 끝없이 고군분투한다. 모린 머독 역시 캠벨의 말에 좌절하지 않고, 여성 영웅의 여정을 연구하고 그 지도를 그려냈다. 여성은 아무 데도 가지 않는다는 캠벨의 말이 전적으로 틀린 것은 아니다. 여성은 내면의 숲으로 떠났다가 돌아오는 여정을 떠나기 때문이다. 여성에게는 자신의 내면으로 들어가 자신에게 돌아오는 여정이 성장을 위한 통과의례다.

오래된 지혜에 귀를 기울일 것

숲으로 들어가는 소녀의 성장담 중 가장 주목할 만한 이야기는 《빨간 모자》다. 나는 이 이야기가 너무도 인상

적이라서 이 이야기를 주제로 한 에세이집을 펴내기도 했다. 이 이야기를 여는 열쇠는 한 가지 질문에서 시작된다. 왜 할머니는 깊은 숲속에서 혼자 살까?

상식적으로, 나이가 들면 도시 근처에 살아야 아플 때 도움을 받을 수 있다. 그런데 나이 많은 할머니가 깊은 숲속에서 홀로 산다니, 왠지 이상하다. 물론 이야기는 상식이 통하는 현실이 아니기는 하다. 어쨌든 할머니가 아프다는 말에 엄마는 음식과 포도주를 할머니에게 가져다주라고 빨간 모자에게 심부름을 시킨다.

그러나 숲속에서 가장 먼저 만나는 대상은 할머니가 아니다. 누구보다도 배고픈 늑대다. 늑대의 이미지는 많은 이야기에서 잡아먹으려 덤벼드는 존재로 고정되어 있다. 그만큼 늑대의 욕구는 만만치 않다.

앞에서도 언급했지만, 숲으로 들어가는 것은 무의식으로 들어간다는 뜻이다. 무의식에서 가장 먼저 조난 신호를 보낸 건 할머니, 즉 내면에 있는 오래된 지혜다. 무언가 잘못되었다는 메시지를 아프다는 전갈로 보낸 것이다. 내면을 들여다보니, 자신의 결핍된 욕구가 가장 먼저

숲은 깊고 아름다운데

드러난다. 늑대는 왜 빨간 모자를 먼저 잡아먹지 않고 할머니부터 잡아먹었을까? 내면의 지혜(할머니)부터 침묵하게 해야 자아(빨간 모자)를 집어삼켜 늑대가 하고 싶은 대로 할 수 있기 때문이다.

하지만 사냥꾼이 나타나 늑대의 배를 갈라 할머니와 빨간 모자를 구해주면서, 욕구에 따라 살아보려 했던 움직임은 저지당한다(상상계에서 벌어지는 일이니, 늑대에게

조이스 박, 《빨 간모자가 하고 싶은 말》, 스마트북스

먹혀도 살아 나올 수 있다). 다른 버전에서는 사냥꾼이 등장해서 하는 말이 아주 인상적이다. "내가 쭉 지켜보고 있었다"라고 늑대에게 말하는 것을 보면, 사냥꾼은 감독하는 초자아다. 본능과 욕구에 자아가 집어삼켜져 맥을 못 추자, 초자아가 등장해 빨간 모자와 할머니를 구해준 것이다.

빨간 모자의 이야기는 자아와 지혜와 욕구와 초자아가 한바탕 어우러지는 내면의 대통합이다. 그래서 강렬한 인상을 남기는 것이다. 이 이야기가 호소하는 메시지가 무의식중에 크게 와닿기 때문이다.

아무 데도 가지 않지만
세상을 변화시키는 여자

여자 주인공이 숲으로 들어가는 또 다른 이야기로 《아름다운 바실리사》가 있다. 이는 바바야가 이야기 중 하나인데, 러시아의 옛이야기에 자주 등장하는 마녀 바바야가는 닭다리가 달린 집에 살며 절구를 타고 날아다닌다. 한편 이야기의 주인공인 바실리사는 숲 밖에서 계모와 의붓 언니와 함께 산다. 그런데 집의 불이 모두 꺼지자 숲속의 바바야가에게 불을 얻어 오게끔 내몰린다.

원래 가혹하고 힘든 현실은 계모와 같다. 허먼 멜빌의 《모비딕》에서 주인공 이스마엘이 현실을 '계모의 세상'이라고 부른 것도 그래서다. 이스마엘은 밥도 안 주고 다락으로 쫓아내는 계모 같은 세상이 육지라면서, 바다로 가는 배를 탄다. 그래서 옛이야기에서 학대하는 계모는 많은 이들이 겪는 가혹한 현실을 나타내는 비유이기도 하다.

깊은 숲속에 있는 바바야가의 집에 도착한 바실리사는 청소, 빨래, 요리, 옥수수알과 양귀비 씨앗 골라내기와 같은 시험을 거친다. 곡물의 낟알을 골라내는 시험은 일상의 자잘한 순간을 정성스럽게 고르고 일구는 힘이 있는지 알아보는 것이다. 모든 시험을 거치자, 바바야가는 해골 안에 불을 담아준다. 바실리사는 이 불빛에 의지해 어두운 숲을 헤치고 집으로 돌아오고, 해골에서 나온 불빛은 계모와 의붓 언니를 태워 죽인다. 이후 바실리사는 궁

정의 침모가 되었고, 아름다운 옷을 지어 황제의 눈에 들었다. 그리고 황제와 결혼해서 왕비가 되어 행복하게 살았다.

이 이야기에서 눈여겨볼 점은 세상을 변화시키는 바실리사의 힘이다. 숲에 들어가기 전과 후의 현실은 하나도 달라지지 않았다. 다만 바실리사가 달라졌을 뿐이다. 해골 속 불꽃을 내면에 품은 존재가 되어 현실을 적극적으로 타파할 힘을 얻었을 뿐 아니라, 아름다운 삶의 무늬를 빚어내는 창조의 능력(옷을 짓는 능력)까지 발휘한다. 실제로 계모와 의붓 언니를 죽였다고 해석할 필요는 없다. 상상계의 죽음이므로, 현실에서는 더 이상 그들을 보지 않거나 전혀 영향을 받지 않고 독립적으로 살아간다는 뜻이다. 더 이상 삶에 부정적인 힘이 간섭하지 못하도록 치워버리자, 바실리사는 (아마도 타고났으나 그 전에는 몰라서 발휘하지 못했을) 창작 능력을 발휘하며 이를 통해 사회에서 값진 지분을 획득한다. 왕의 아내로 상징되는 단단하고 견고한 지위를 얻을 뿐 아니라, 결혼으로 상징되는 단단한 자기 통합을 이루어낸 것이다.

숲은 깊고 아름다운데

그러니까 내면의 숲으로 떠났다가 자신에게 돌아오는 여정을 가장 잘 드러낸 이야기가 바실리사 이야기다. 아무 데도 가지 않는 여성 영웅의 여정은 이런 것이 아닐까.

현실이 바뀌지 않아도
내면이 바뀌면 영웅이 된다

일본 애니메이션 〈센과 치히로의 행방불명〉도 숲으로 들어가는 여자아이의 이야기다. 여기서는 터널이 내면과 통하는 입구다.

어린 소녀 치히로는 전학을 가면서 자신의 세계가 통째로 흔들리는 위기에 처한다. 이렇게 불안정한 상태에서 터널 반대쪽의 이상한 세계로 간다. 이곳의 바바야가는 유바바와 제니바로, 선과 악으로 양분된 쌍둥이 할머니의 모습으로 등장한다.

무엇이든 집어삼켜 거대한 괴물이 되는 가오나시(顏無し)는 치히로의 내면에 있는 거대한 결핍을 뜻한다. 치히로가 가오나시를 왠지 친숙하게 여기며 여관의 문을 열

어준 것도 가오나시가 치히로의 결핍이기 때문에 그렇다. 빨간 모자에 나오는 늑대인 셈이다. 가오나시를 제대로 갈무리하면서 터널 저쪽, 치히로의 내면은 안정을 되찾고, 전학과 이사로 흔들리는 정체성이라는 근본적인 문제를 해결한다. 이름을 빼앗겨 센이 된 치히로는 이유 없이 도와주고 어릴 때부터 알던 친숙한 존재인 하쿠와 함께 이름을 찾으면서 정체성을 되찾는다. 치히로라는 이름은 하쿠의 이름을 되찾아야만 찾을 수 있다는 의미다. 하쿠가 치히로가 어릴 때 빠졌던 고하쿠 강의 신이라는 건, 어릴 때부터 치히로의 내면에 깃들어 있던 존재임을 뜻한다. 그렇기에 하쿠는 치히로 속의 남성성(아니마)이자 신성이기도 하다. 그래서 둘의 이름을 함께 되찾을 때 둘 다 정체성을 회복한다.

치히로는 자신이 살던 곳에서 뿌리 뽑히는 시련을 겪게 만든 원인 제공자이자 자신의 괴로움에 무심한 부모를 상상의 세계에서 돼지로 치부한다. 그러나 돼지 중에는 부모가 없다고, 즉 내 부모는 돼지가 아니라고 선언하면서 부모를 되찾는다. 이렇게 내면의 결핍이 안정되고 정

숲은 깊고 아름다운데

체성이 통합을 이루자, 다른 대상과의 관계도 회복된다.

이렇듯 치히로는 내면으로 여행을 떠났다가 통합된 자신에게로 돌아온다. 현실의 세계에서 바뀐 것은 아무것도 없지만, 이제 치히로는 예전의 치히로가 아니다. 여성은 내면의 여정을 거쳐 인생 이야기의 주인공 혹은 영웅이 된다.

4장

용은 왜 공주만 잡아갈까?

용과 공주, 기사가
거듭 등장하는 이야기

곤경에 처한 아가씨 모티프

대개 이야기의 숲을 헤치고 들어가게끔 나를 이끈 것은 호기심이었다. 그중 친숙한 풍경의 이름을 알아내는 데 결정적인 역할을 했던 질문은 바로 이것이었다. 용은 왜 공주만 잡아갈까?

서구의 옛날이야기에 자주 등장하는 용은 왜 어린이나 아저씨나 아줌마는 잡아가지 않고, 아가씨 또는 공주만 잡아갈까? 얼굴에 아가씨 혹은 미혼이라고 써 붙인 것도 아닌데. 그리고 왜 기사나 왕자는 공주를 구하러 가는 걸까? 대체 이 납치와 구조는 어떤 의미이길래 거듭 이야기에 등장하는 걸까 싶었다.

이렇게 문학을 비롯한 예술 작품에 거듭해서 등장하는 이야기의 줄기를 모티프(motif)라고 하는데, 용과 공주 이야기는 '곤경에 처한 아가씨' 모티프라고 한다. 왜 이런 모티프가 생겨났는지, 이야기의 숲을 헤치며 살펴보자.

셋 중 하나를 골라 참된 본성 걸러내기

독일 동화 중에 《마법에 걸린 공주님》은 용에게 잡혀 간 공주님을 한스라는 젊은이가 구해내서 행복하게 살았 다는 이야기다. 줄거리는 다음과 같다.

옛날 한 세공업자에게 헬메리히와 한스라는 두 아들이 있 었다. 그런데 세공업자는 첫째인 헬메리히만 예뻐했다.

어느 날, 세공업자는 용에게 잡혀간 공주를 구해내면 왕의 사위가 되어 왕국을 물려받는다는 이야기를 술집에 서 들었다. 그래서 헬메리히에게 갑옷과 말을 사주고 공주를 구하러 가게 한다. 헬메리히는 가는 도중에 벌집을 쑤셔놓고, 개미집을 밟아서 엉망으로 만들고, 빵 조각으로 오리들을 뭍으로 꾀어서 잡아 죽였다.

용이 있는 성에 도착해서 문을 두드리자, 한 할머니가 성 밖으로 나와 세 가지 시험을 통과해야 한다고 말했다. 첫 번째 시험은 사방에 뿌려진 아마 씨를 주워 바구니에 담는 일이었고, 두 번째 시험은 연못에 던진 황금 열쇠 열두 개를 줍는 것이었는데, 헬메리히는 이런 시답지 않은 일은 할 필요가 없다고 여겨서 하지 않았다. 세 번째 시험은 성의 넓은 방에서 베일이 덮인 세 개의 상 중에 무엇이 공주인지 맞히는 것이었다. 헬메리히는 오른쪽 것을 골랐고, 말이 끝나기 무섭게 베일이 벗겨지며 용이 나타나 헬메리히를 창밖에 있는 절벽으로 던져버렸다.

1년이 지나도 헬메리히가 돌아오지 않자, 이번에는 한스가 길을 나섰다. 아버지는 아무런 지원도 해주지 않았다. 한스는 천천히 길을 따라 걸으며 꽃을 꺾어 벌에게 내밀어주고, 개미들 대신 먹이를 날라주고, 오리에게는 빵을 잘라 던져주었다. 성에 도착해서 한스도 형과 같은 같은 시험을 치렀는데, 아마 씨는 개미들이 와서 주웠고, 연못에 던져진 황금 열쇠는 오리들이 건져주었다. 마지막 시험을 치를 때는 벌들이 날아와 역청과 유황 냄새가 나는 용이 아니라 꿀을 먹어서 향기로운 공주의 주변을 맴돌아서 제대로 고를 수 있게 해주었다. 그러자 베일이 벗겨지며 공주가 모습을 드러냈고, 두 마리 용은 창밖으로 날아가버렸다.

한스가 세 가지 시험을 모두 통과하자 공주에게 걸린 마법이 풀렸다. 한스는 공주와 결혼해 왕국의 상속자가 되어 오래오래 행복하게 살았다.

이 이야기에는 '셋 중에 하나 고르기'라는 서브 모티프가 플롯을 매듭짓는 주된 장치로 등장한다. 셋 중 하나 고르기라면 가장 먼저 떠오르는 것이 셰익스피어의 《베니스의 상인》이다. 바사니오가 포셔에게 청혼하자, 포셔는 금, 은, 납으로 된 세 개의 상자 중에 하나를 고르게 한다. 어떤 상자를 고르는가는 고르는 사람의 참된 본성, 신랑감의 내면을 보여주는 역할을 한다. 즉, 여러 속성

숲은 깊고 아름다운데

중 참된 본성 걸러내기에 대한 이야기인 셈이다.

셋 중에 하나를 고르는 모티프는 한국의 옛이야기에도 있다. 나무꾼이 연못에 도끼를 빠뜨리면서 시작되는 이야기를 기억할 것이다. 연못은 거울과 같은 역할을 하므로 곧 자아 성찰을 뜻하기도 한다. 연못에서 나타난 신령은 금, 은, 동으로 된 도끼 중 무엇이 네 것이냐고 묻는다. 이는 곧 한 사람의 내면에 어떠한 자질이 있는지 묻는 셈이다. 나무꾼은 동이라고 솔직히 대답하며 자신의 내면에 빛나지 않는 동의 속성이 있음을 인정한다. 그러자 신령은 나무꾼을 칭찬하면서, 금도끼와 은도끼까지 선물로 준다. 빛나지 않는 자신의 속성을 있는 그대로 인정하고 겸허히 받아들여야 내면의 귀한 본성 또한 끌어안을 수 있다는 뜻이다. 이렇듯 도끼를 고르는 것 역시 고르는 자의 참된 본성을 드러내므로, 나무꾼의 이야기도 참된 본성 걸러내기에 대한 이야기라고 할 수 있다.

저주의 마법을 푸는 힘은
여성적 속성이다

《마법에 걸린 공주님》에서도 헬메리히와 한스는 곡식 줍기, 열쇠 건지기, 옳은 것 알아맞히기라는 세 가지 시험을 거친다.

곡식 줍기는 옛날이야기에서 주인공들이 자주 맞닥뜨리는 시험이다. 숱한 곡식 낟알을 일일이 주워 담는 임무는 반복적이고 사소한 하루하루를 살아내는 힘을 알아보는 과제이기도 하다. 작고 보잘것없고 하찮은 것을 정성스럽게 해내는 마음이 삶의 고난을 통과하는 힘이라는 뜻이다. 헬메리히가 그랬듯, 교만한 사람은 소홀히 하기 쉬운 임무다. 하나하나씩 쌓아 올려서 언제 산을 쌓겠냐고 반문할 수도 있다. 일확천금을 노리는 사람에게는 어쩌면 가장 괴로운 시험일지도 모르겠다. 곡식 낟알을 쌓아 산을 만들 수는 없겠지만, 그 곡식들을 헤아리는 동안 다듬어진 마음이 어떤 산도 오를 수 있게 하는 힘이라는 점을 놓치는 사람이 많다.

숲은 깊고 아름다운데

한편 연못 속 황금 열쇠를 찾는 시험은 도끼 찾기와 일맥상통하는 부분이 있다. 이 또한 빛나는 자질을 찾아내는 시험이다. 그런데 내면의 자질은 스스로 찾을 수 없어서, 신령이 도끼를 건네주듯 남이 찾아주어야 한다. 그래서 한스는 오리의 힘을 빌린다. 오리는 남성성의 본질을 다루는 옛이야기에 자주 등장하는데, 이집트 신화에서 이시스 여신을 나타내는 동물이기도 하다. 이시스 여신은 어두운 밤에 흩어진 오시리스의 몸을 모아 기워 부활시킨 여신이다. 즉, 남성성을 부활시킨 여성성이다.

참된 대상을 분별하는 시험에서는 벌이 도움을 준다. 벌은 이집트 신화에서 재생의 힘을 상징하는 성스러운 동물이다. 앞에서 살펴봤듯, 《태양으로 날아간 화살》의 소년은 남자로 거듭나기 위해 벌의 키바를 거쳤다. 벌은 한스가 셋 중 하나를 골라야 할 때 참된 속성을 알아보는 힘, 귀한 황금 꿀을 찾는 힘으로서 두 마리 용 사이에 숨은 공주를 찾게 도와준다.

이 이야기에서 또 한 가지 특이한 점이 있다면, 남자 주인공 한스가 전형적인 남성이 아니라는 것이다. 길을 따라 천천히 걸으며 동물을 도와주는 다정하고 세심한 성격은 아버지로 대표되는 가부장제에서는 차별받았다. 그런데 한스는 외려 가부장제 남성에게 배척당하던 속성을 발휘해 공주의 마법을 풀고 왕국을 상속받는다. 가부장 마초의 전형에서 벗어난 남성성이 여성과 어떤 관계를 맺는지, 다시금 새겨볼 가치가 있다.

공주는 결국 용이었다

이 이야기에서 주목할 점은 셋 중 둘은 용이고 하나는 공주님이라는 것이다. 어릴 적부터 이 동화가 계속 머릿속에 맴돌았다. 시간이 흘러 20대가 되고, 누군가와 사귀고 사랑에 빠졌다. 현모양처가 여성의 미덕이라 여기던 시절에 10대를 보냈기에, 남자들이 요구하는 얌전하고 지혜롭고 순종적인 이미지에 나를 끼워 맞춰야 한다는 압박을 느꼈다. 그렇게 괴로워하던 어느 날, 한 가지 꿈을 반복해서 꾸기 시작했다.

꿈속에서 나는 놀이동산 같은 곳에 있었는데, 회전목

마 차양 아래 목마 대신 세 존재가 베일을 뒤집어쓰고 앉아 있었다. 그리고 저쪽에서 내가 사랑하는 남자가 다가왔다. 그가 다가와 베일을 쓴 셋을 찬찬히 살펴보더니, 그중 가운데 베일을 벗겼다. 그러자 아름다운 공주가 모습을 드러냈고, 그는 기뻐하며 공주를 품에 안았다.

그가 공주를 품에 안고 놀이동산을 떠나는 순간, 내 시점은 공주로 바뀌어 있었다. 공주인 나는 그의 품에 무기력하게 안겨 뒤를 돌아보았다. 다시 시점이 바뀌자, 나는 베일 너머로 떠나는 공주를 보고 있었다. 공주는 무기력하게 남자에게 이끌려가며 슬프게 나를 바라보았다. 남은 나는 베일 밑에서 꿈틀거렸다. 뜨거운 숨결이 차올랐다. '아, 뜨겁다.' 그 순간 유황 냄새가 나더니 뜨거운 불길이 뿜어져 나와 베일을 태웠다. 베일이 타 없어지고 옆에 남은 존재 역시 모습을 드러냈다. 용이었다. 나는 거울에 비친 듯한 또 다른 나를 바라보며, 내가 용이라는 것을 깨달았다.

용과 용은 슬픔과 분노에 차서 서로를 마주 보다가 떠나가는 공주에게로 고개를 돌렸다. 그 순간 시점은 다시 바뀌었고, 나는 이 모든 광경을 바라보는 피에로가 되었

> "그제야 비로소 깨달았다.
> 두 마리 용과 공주 중에서
> 공주 고르기는 결국 공주가
> 용이라는 뜻이라는 걸."

다. 피에로는 왕자 품에 안겨 떠나는 공주와 슬퍼하고 분노하는 용 두 마리를 동시에 바라보고 있었다.

나는 회전목마 주변을 돌며 노래를 불렀다.

"나는 공주이기도 하고, 용이기도 해. 그런데 내 연인은 공주만 데려가. 그를 사랑해서 내 세계를 전부 주었는데, 공주만 데려가고 용은 버리지. 나는 공주일까, 용일까. 공주는 하나, 용은 둘인데." 그렇게 노래를 부르다가 잠에서 깼다. 그제야 비로소 깨달았다. 두 마리 용과 공주 중에서 공주 고르기는 결국 공주가 용이라는 뜻이라는 걸.

영국 노섬벌랜드 이징턴에는 공주가 용이 되어 머물렀다는 스핀들스턴 휴 바위가 있다. 13세기 노섬브리아왕국의 뱀버러 성에서, 마녀인 계모 왕비의 마법에 걸려 공주가 용으로 변했다는 옛날이야기가 담긴 곳이다. 이는 용과 공주 이야기의 계보를 따라가다 보면 영국에서 가장 오래된 이야기다. 용이 공주를 납치하는 이야기로 변형되기 전의 원전이기도 하다. 공주가 용으로 변하고, 오빠가 돌아와 칼을 들고 용을 물리치려다가 용에게 세 번 키스하자 용의 심장에서 공주가 나온다. 용의 심장에서 공주가 나왔다는 것은 결국 용의 본질이 공주라는 말이 아닌가.

《마법에 걸린 공주님》에 숨은 진실은 여자의 내면에 있는 수많은 얼굴 중 가부장 사회가 보여도 된다고 허락하는 얼굴은 하나뿐이라는 것이다. 다른 얼굴은 베일로 가려서 세상에 내보이지 말아야 한다. 심지어 내가 자아를 포기할 수도 있을 만큼 사랑한 남자는 나를 사랑한다면서 수많은 얼굴 중에 예쁘고 연약한 나만 고르고 나머지 내 얼굴은 모두 버린다.

이러려고 공주는 마법에 걸린 것일까? 로맨스라는 마법, 그 기제를 바탕으로 여자들을 베일에 가두고 여럿 중 하나만 고르는 권력에 도취되어 여성은 스스로를 전시대에 세운다. 용을 죽이고 공주를 구하는 이야기가 로맨스의 전형이 되면서, 이를 달콤하고 아름답다고 여기는 우리는 마법에 홀린 게 아닐까?

용은 여성 안에 있다

메두사를 죽이고
안드로메다를 구하는 이야기는 하나다

용이 공주를 잡아가고 젊은 남자가 구해내는 이야기 중 가장 오래된 이야기는 무엇일까? 거슬러 올라가다 보면 그리스·로마 신화와 마주치고, 그중 바다 괴물에게 제물로 바쳐진 안드로메다를 페르세우스가 구해내는 이야기에 가닿는다.

페르세우스가 안드로메다를 구하는 이야기를 그린 그림은 정말 많다. 그중 체사리의 그림을 살펴보자. 페르세우스는 메두사의 머리를 잘라 그 피에서 태어난 페가수스를 타고 하늘을 날아 집으로 돌아가는 길이다. 그는 발

숲은 깊고 아름다운데

바다 괴물에게 제물로 바쳐져 끌려가기 전의 안드로메다를 발견한 페르세우스. 페르세우스는 안드로메다를 구해내고 결혼한다.

주세페 체사리(Giuseppe Cesari, 일명 카발리에레 다르피노), 1593~1594년.

안드로메다를 구하는 페르세우스를 그린 또 다른 그림

로랑 카르(Laurent Cars), 1728년.

가벗겨진 채 묶여 있는 안드로메다를 보고 구해준다. 페르세우스는 공주인 안드로메다를 신붓감으로 얻는다. 그리스 신화에서 바다 괴물은 용으로 묘사되지는 않지만, 체사리 그림의 괴물은 용과 비슷하게 생겼다. 이후의 다른 그림에서 괴물은 온전히 용의 모습이다.

페르세우스는 아테나 여신이 헤르메스에게 빌려준 날개 달린 모자와 샌들을 걸쳤으며, 그가 든 방패에는 메두사의 머리가 걸려 있다.

여기서 중요한 점은 메두사 죽이기와 안드로메다 구하기가 우연히 연달아 일어나는 두 가지 사건이 아니라는 점이다. 메두사를 죽이고 안드로메다를 구하는 일은 사실 한 가지 이야기다.

신들도 정복되고 종속된다

이를 이해하려면 아테나에 대해 알아보아야 한다. 아테나는 지혜와 전쟁의 여신으로, 올림포스 최고의 신인 제우스의 머리에서 갑옷으로 무장한 채 태어났다. 하지만 그리스·로마 신화를 자세히 살펴보면, 아테나는 제우스에게서 그냥 튀어나온 게 아니다.

신화에 따르면, 제우스의 첫째 부인은 옛 신이자 타이탄인 메티스였다. 메티스는 지혜의 여신으로, 제우스는 메티스와의 사이에서 태어난 자식이 자신보다 위대한 신이 될까 봐 두려워했다. 그럴 수밖에. 제우스 자신이 아버지 크로노스를 죽였고(혹은 내몰았고), 크로노스도 아버지 우라노스를 죽이고 신들의 왕이 되지 않았던가. 그래서 제우스는 자신의 아이를 가진 메티스를 잡아먹는다. 그리고 메티스의 배 속에 있던 아이가 아버지의 몸속에서 자라 아버지의 머리를 뚫고 태어난다. 바로 아테나 여신이다.

신들의 결혼 이야기는 서로 다른 신을 믿는 부족 간의 통합과 흡수를 나타낸다고 해석한다. 환웅과 웅녀가 결혼한 단군 신화를 하늘의 신을 모시는 지배 부족이 곰을 섬기던 부족을 흡수, 통합한 이야기로 해석하는 것과 마찬가지다. 제우스가 메티스를 잡아먹어서 아테나가 태어났다는 이야기는, 가부장 신을 모시는 지배 부족에 지혜의 여신을 모시는 부족이 흡수, 통합되면서 그 신의 딸로 새롭게 자리매김했다는 의미다. 그리스 사회가 가부장적인 사회였다는 점을 감안하면 당연하기도 하다. 가부장 신화로 흡수된 여신은 딸이 신이 되는 것만으로는 충분치 않다. 복종과 피지배의 모습을 철저히 드러내야 한다. 제우스의 아들 중 하나인 젊은 남자를 보내 메두사를 죽이고 안드로메다를 구하는 이야기가 뜻하는 바도 바로 이것이다.

메두사는 원래 아테나를 모시는 신전의 사제였다. 그러다가 아테나의 심기를 건드려서 그 벌로 괴물인 고르곤 자매 중 하나가 되고, 아테나 여신의 저주를 받아 머리카락이 뱀인 괴물로 변했다. 더 나아가 아테나는 제우스와 인간 여자의 사이에서 태어난 페르세우스를 보내 메두사의 목을 기어코 베어 오게 해 자신의 방패 앞에 달고 다녔다.

숲은 깊고 아름다운데

여신의 속성이던 용과 뱀을
가부장제가 죽이다

이제 뱀에 대해 살펴보자. 영문학에서 뱀과 용과 벌레는 19세기까지 같은 대상을 가리켰다. 뱀이 용이고, 용이 벌레다. 페르세우스와 안드로메다를 그린 그림 중에는 커다란 뱀의 머리가 안드로메다를 잡아먹으려는 것도 있다.

놀라운 점은 아테나가 초기에는 뱀과 함께 그려지거나 새겨졌다는 사실이다. 초기 그리스 신화에서는 여신이 뱀과 함께 등장하는 경우가 많지만, 후대로 가면서 뱀은 점차 자취를 감추었다. 종종 아내를 대표하는 신으로 폄하되는 헤라조차 초기에는 뱀과 함께 조각되었다. 그중에서도 뱀과 관련된 가장 중요한 여신들은 아테나, 아르테미스 그리고 키벨레(현재 튀르키예인 아나톨리아 지역의 대지 모신)다.

원래 뱀은 대지에 붙어서 대지의 지혜를 가장 많이 아는 존재로 숭앙되었다. 그래서 대지 모신들과 함께 많이 그려지곤 했던 것이다. 그러니까 뱀 머리카락을 지닌 메두사는 아테나의 하위 신격으로, 아테나가 대지 모신이었던 까마득한 옛날의 산물이었다. 그러나 가부장 신의 체제로 편입되면서 이 하위 신격은 제거되었다. 즉, 여신이 가부장제로 편입되는 과정에서 여신의 하위 신격 중 뱀과 용과 벌레는 죽임을 당하고, 발가벗고 연약한 여성만 남아 구해지는 일이 일어났다. 이렇게 보면 뱀 머리카락의 메두사와 안드로메다를 잡아먹으려 했던 바다 괴물은 같은 존재다.

메두사와 용은 남자들이 두려워하는 힘이다. 메두사는 보는 이를 돌로 만들고, 바다 괴물은 심해에서 올라와 육지를 초토화시킨다. 이는 여성에게 내재한 커다란 힘을 말한다. 이 힘은 그 자체로 파괴적이고 부정적이지는 않다. 다만 남자들이 두려워하는 힘이므로 괴물로 표현되었고, 그 결과 메두사와 용은 죽임을 당해야 했다. 즉, 남성들의 공포가 투사된 여성 속의 거대한 힘의 상징이 바로 용인 셈이다.

그러므로 용을 죽이고 발가벗고 무기력한 공주를 구하는 일은 지배자가 피지배자에게 건네는 강력한 메시지이자 이데올로기다. "내게 위협적인 네 속의 강력한 힘은 흉측한 괴물로 만들어 척살할 것이고, 오로지 네 속의 연약한 부분만 골라서 사회에 편입시켜 살게 하겠다"라는.

페르세우스는 메두사의 머리를 자르고 돌아가는 길에 우연히 안드로메다를 보고 구해주지만, 사실 두 이야기는 '우연히' 엮인 게 아니다. 뱀 머리카락을 지닌 하위 신격을 죽이는 일과 용을 죽여서 연약한 안드로메다를 구하는 일은 결국 아테나가 제우스의 딸로 복속, 편입되는 과정을 효과적으로 그려 고대 사회에 강력한 메시지를 퍼뜨리는 역할을 했다.

메두사를 기둥 밑에 박아둔 이유

아테나에 비견되는 아르테미스는 우리가 아는 것보다 훨씬 큰 신이다. 아르테미스도 초기에 뱀과 함께 등장하다가 이후에 뱀은 자취를 감추었다. 아르테미스는 단순히 달의 여신이 아니라 대지 모신의 한 갈래다. 그래서 그리스뿐 아니라 이집트와 소아시아 지역에서도 숭배되었다. 이집트에서는 아르테미스 아르고테라라고 부르며 섬겼고, 소아시아 지역에서는 아르테미스 에페시아로 대대적으로 숭배받았다. 에페시아는 《에베소서》에서 바울이 에베소 사람들이 모시는 여신이라고 비난하는 대상이다.

헬리오스와 아폴론이 통합되어 태양의 신이 되었듯, 달의 여신도 여러 신격이 그 안에 통합, 복속되는 과정을 거친다. 여러 부족의 대지의 여신 혹은 달의 여신이 지배 부족의 달의 여신에 합쳐졌다는 뜻이다. 보통 사람들이 말하는 달의 여신은 셀레네, 아르테미스, 헤카테의 세 가지 신격이 있다. 셀레네는 하늘에서 운행하는 달의 여신, 아르테미스는 지상을 거니는 달의 여신, 헤카테는 달이 지평선 아래로 잠긴 후 지하 세계를 통과하는 여신이다. 그래서 아르테미스의 세 얼굴 혹은 달의 여신의 삼격(The Triple Goddess)이라고 한다.

여담이지만, 소아시아 지역에서는 아르테미스의 사제로 어린 여자아이들을 뽑아서 여신의 신전에서 여신을 섬기게 했다. 그러다가 아이들이 자라서 초경을 맞으면 다시 인간의 마을로 돌려보냈다고 한다. 이때 아르테미스를 모시던 어린 여자아이 사제를 아르크토이, 즉 곰 여자라고 한다. 인간과 결혼하는 곰 여자라는 모티프, 왠지 친숙하지 않은가?

어쨌든 메두사 머리 베기 혹은 메두사의 머리를 짓누르는 작업은 기독교 제국이 된 로마제국에서도 계속된다. 6세기에 비잔틴제국의 유스티니아누스 황제는 수도인 콘스탄티노플(현재 튀르키예의 이스탄불)의 신성한 일곱 언덕 중 첫 번째 언덕 아래에 있는 광장 밑에 지하 저수지인 바실리카 시스턴을 건설했다. 그리고 그 기둥 아래에 메두사의 머리를 고여두었다. 메두사의 두상은 로마 시대의 어느 건축물에서 가져온 것이라고 한다.

그리스·로마 신화의 가부장 신화를 믿다가 이제는 가부장적인 기독교를 믿게 된 로마인들은 왜 메두사를 기둥 밑에 박아두었을까? 여성이 가진 힘을 누르고 그 위에 남성들의 제도를 세우겠다는 메시지를 이보다 명명백백하게 보여주는 상징물이 또 있을까 싶다.

뱀을 버리고 가부장제에 편입되다

페르세우스와 안드로메다의 신화에서 비롯된 뱀 죽이기와 공주 구하기는 그리스·로마 신화에서만 찾아볼 수 있는 것이 아니다. 영국은 원래 켈트족의 섬이었는데, 나중에 로마인이 점령하면서 기독교 복음을 전했고, 앵글로색슨족이 들어와 기독교 왕국을 세워 지금까지 이어지고 있다. 그런데 앵글로색슨족이 기독교 왕국을 세울 때 똑같은 일이 일어났다.

영국의 수호성인은 성 조지다. 당시 세계의 끝이라 불렸던 아일랜드에 복음을 전하고 수호성인이 된 로마인 성 패트릭과는 달리, 성 조지는 영국에서 활동하기는커녕 발도 들인 적이 없다. 그는 소아시아에서 활동했던 성인이다. 그런데 소아시아 지역의 성인을 왜 영국에서 수호성인으로 삼은 걸까?

성 조지에게 붙은 별명이 드래곤 슬레이어(dragon slayer), 즉 용 학살자다. 성 조지를 검색하면 뜨는 이미지도 대부분 용에게 잡혀간 아가씨를 구하는 모습이다. 켈트족과 앵글로색슨족이라는 부족 사회에서 철저히 가부장적인 기독교 왕국으로 이행하는 시기에 이런 이미지는 국가의 수호성인으로 택할 만큼 중요했던 것으로 보인다.

이렇듯 가부장 신이 신 중의 왕이 되거나 아버지 유일신을 모시는 종교가 통치하는 사회가 되면 뱀부터 잡아죽인다. 뱀은 대지에 붙어서 대지의 비밀을 가장 많이 알고 있을뿐더러, 뱀과 함께 등장하는 여신들은 대지 모신의 신격을 지녔기 때문이다. 아테나, 아르테미스, 키벨레를 비롯해 헤라마저 그리스·로마 신화 초기에 뱀과 함께 등장했다. 이후 여신들이 가부장 신화로 편입되면서 뱀은 사라진다. 제우스라는 가부장 신을 필두로 하는 체계에 아내 혹은 딸로 복속되고 편입되면서 뱀을 버리는 작업이 일어난 것이다. 아테나가 메두사의 머리를 방패에 매단 것도 바로 그래서다.

용, 뱀, 벌레, 고래는 하나다

《끔찍한 용(The Loathsome Dragon)》은 1987년 데이비

드 위즈너가 아내인 킴 강과 함께 만든 그림책으로, 앞에서 살펴본 영국의 옛날이야기를 현대적으로 각색한 작품이다. 원전은 '스핀들스턴 휴의 끔찍한 용(The Laidly Worm of Spindleston Heugh)'으로, 조지프 제이콥스가 채록하여 1890년 출간된 《영국 민담(English Fairy Tales)》에 수록되어 있다.

《끔찍한 용》에 등장하는 용은 위즈너의 《아기 돼지 세 마리》에도 등장한다. 포스트모던한 이 그림책은 세 마리 돼지가 자신들의 이야기에서 벗어나 다른 이야기로 이동하는 플롯이 사용된다. 이렇게 책 속의 주인공이 자신이 이야기 속의 존재임을 알고 이야기 밖으로 나가기도 하는 기법을 메타 픽션이라고 한다. 어쨌든 늑대에게 쫓기던 세 마리 돼지는 여러 이야기를 떠돌다 《끔찍한 용》에 들어가 용과 함께 자신들의 이야기로 귀환하고, 용은 늑대를 쫓아낸다.

존 D. 배튼이 그린 삽화에는 차일드 와인드(Childe Wynd)가 끔찍한 용에게 세 번 키스해서 여동생인 공주 마거릿을 구한다고 쓰여 있다. 여기서 차일드(Childe)는

차일드 와인드가 끔찍한 용을 죽이고 마거릿 공주를 구하다.

존 D. 배튼(John D. Batten), 1890년.

어린이가 아니라 기사를 따라다니는 종자 또는 견습 기사, 즉 어린 기사를 뜻한다.

19세기 말의 대표적인 삽화가 월터 크레인이 이 옛이야기를 그렸는데, 용이 아니라 커다란 뱀(serpent)이 등장한다. 사실 19세기 말까지 영국의 문학 작품에서 용과 벌레, 뱀, 바다 괴물은 같은 대상을 지칭한다. 성경에 등장하는 요나의 고래도 옛날 그림들을 찾아보면 용에 가까운 괴물이다. 번역되는 과정에서 바뀐 것이다. 즉, 과거에 문학을 비롯한 예술 작품에 등장하는 용은 바다 괴물이자 뱀이다.

남자들이 여성의 자궁에
권력을 행사하려는 시도, 마녀사냥

가부장 왕국인 영국에 등장한 용 학살자의 이미지는 고대 부족 사회에서는 남자 못지않게 목소리를 내고 힘을 가졌던 여성의 힘을 위축시키는 작업에 쓰였다. 사실 여성의 힘을 압제하는 작업은 상징계와 현실계에서 나란히 진행되었다. 우선 상징계에서는 기사가 용을 죽이고 연약한 여자만 구해내는 이야기를 유포했다. 남성에게 구원받을 만한 여성만 사회에 편입시키겠다는 이데올로기를 설파했던 것이다. 그리고 현실계에서는 지식과 부와 권력이 있는 여성에게 누명을 씌워 죽이는 마녀사냥이 일어났다.

마녀 하면 떠오르는 이미지는 늙은 할머니가 커다란 솥에 뱀 혓바닥, 두꺼비 눈알 같은 재료를 넣고 휘젓는 모습이다. 고대 부족 사회의 치료사였던 이런 여성들은 약초에 대한 지식이 있어서 사람들을 치료했다. 남자들이 가장 경계하고 싫어하던 여성들이 바로 이들이었기에 이 여성들의 이미지가 마녀로 굳어진 것이다. 그렇다면 남자들은 이런 여성들을 왜 싫어했을까?

부계 중심의 가부장 제도가 뿌리내리면서 남성들이 느낀 가장 큰 공포는 "내 여자가 낳은 아이가 내 아이가 아니면 어쩌지?"라는 것이었다. 직계 상속자가 필요했기에 처녀성은 매우 중요한 덕목이었다. 그 이전의 선사시대나 미국 원주민이나 이누이트의 부족 사회에서는 오히려

영국 뉴캐슬에서 교수형에 처해지는 15명의 마녀들

출처 https://www.abc.net.au

아이를 낳아서 데리고 오거나 임신해서 시집오는 여성들을 반겼다. 동물의 세계에서 힘 있는 수컷은 짝짓기 대상을 고를 때 출산 경험이 없는 어린 암컷보다는 이미 새끼를 낳아서 키워본 암컷을 고른다. 과거에는 출산하다 죽는 여성들이 많았으므로, 이미 출산해본 경험은 앞으로도 아이를 잘 낳을 수 있다는 증거였다. 또한 여자가 데려오는 아이가 자신의 아이가 아니어도 괜찮았다. 농사나 전쟁으로 인해 사람의 머릿수가 곧 권력이었던 시절에는 공짜로 생기는 노동력과 전투력을 마다할 이유가 없었다.

그러나 가부장 사회가 되고 직계 상속을 골자로 하는 직계 가부장 가족이 등장하면서, 여성의 처녀성이 중요해졌다. 여성의 임신과 출산에 대한 지식과 권력을 남자들이 통제하려고 들었다. 21세기인 지금도 남성들은 여성들의 자궁에 대해 권력을 행사하려 애쓴다. 그래서 여자들이 임신과 출산을 거부하지 못하도록 온갖 수단을 동원해서 제어하려 든다. 지금도 여성들에게 낙태권을 주지 않으려고 애쓰는데, 가부장 왕국을 처음 건설하던 시기에는 더 했을 것이다.

과거에 치료사 여성은 약초에 대한 지식으로 피임과 출산과 낙태를 도와주었다. 즉, 여성들이 임신과 출산에 대해 주체성을 갖게끔 하는 위험한 지식을 가진 것이다. 그래서 가장 먼저 마녀사냥에서 처형당했고 마녀라면 떠오르는 전형적인 이미지가 되었다. 처음에는 위험한 지식을 가진 여성이 마녀사냥의 주요 타깃이었지만, 나중에는 나이가 들어 2세를 생산할 수 없는데 재산과 권력을 지닌 여성도 마녀로 몰려 처형되었다.

> "남성들은 여성들의 자궁에 대해 권력을 행사하려 애쓴다."

1650년 영국 뉴캐슬 지역에서 행해진 마녀 처형을 그린 판화에서는 남자들이 여성들을 목매달고 돈을 나누는 모습이 담겨 있다. 마녀사냥의 본질이 여성의 손에서 지식과 권력과 부를 빼앗아 남자의 손에 넘기는 작업이었다는 사실을 여실히 보여주는 이미지이기도 하다.

결국 수백 년 동안 공포와 터부의 대상이었던 마녀는

권력자들이 만들어낸 존재였다. 1990년대 이후로 이를 '사회적 구성물(social construct)'이라고 부른다. 즉, 마녀는 실존하지 않고 허구에 불과하다는 뜻이다. 2022년, 스코틀랜드 정부는 16~18세기에 마녀로 기소된 4천여 명의 사람과 실제로 처형된 사람에 대해 공식적으로 사과 성명을 발표하기까지 했다. 마녀사냥은 유럽에서 14세기에 시작되었고, 마지막 마녀사냥은 18세기에 있었다. 스코틀랜드 정부는 스코틀랜드에서 16세기부터 자행된 마녀사냥에 대해 실로 400년 만에 사과를 한 셈이다. 마녀사냥이 허구에 바탕으로 한 폭력이었다고 인정하기까지 너무도 오랜 세월이 걸렸다.

이렇듯 여자를 복속시켜 지배하려는 작업은 현실계에서는 마녀사냥으로, 상상계에서는 용을 죽이고 공주 구하는 이야기로 이어졌다.

용과 함께 사라진
공주의 이야기

강력한 여성은 광야로 쫓겨난다

이제까지 살펴보았듯이, 용이 공주를 잡아가는 것이
아니라 공주는 용이라서 용과 함께 사라진다. 한 여자 안
에는 여러 가지 속성이 있어서, 어떤 속성은 사회가 억압
하지만 어떤 속성은 부추기고 권장한다. 억압당하는 속
성은 지배 세력에 의해 용, 바다 괴물, 뱀이라 불리고, 권
장하는 속성에는 귀한(그러나 연약한) 공주라는 이름이 붙
는다. 불행히도 남성이 지배권을 가진 가부장 사회에서
여성이 지닌 강력한 힘은 대부분 배척되었고, 연약한 여
성성만 남을 수 있었다. 가부장 권력이 횡행할 때, 여성

이 강력한 힘을 드러내면 평범하게는 기가 센 년이 되고 심하면 광녀가 되어 기존 사회에서 쫓겨나거나 마녀가 되어 학살당한다.

디오니소스를 쫓아다니던 광녀 마이나데스의 이야기 역시 여성에 잠재된 힘, 억눌려 있다가 술의 힘을 빌려 비로소 전면으로 부상하는 광폭한 힘에 대한 것이다. 마이나데스는 머리를 풀어 헤치고 맨발로 광야를 달리며 사람을 산 채로 찢어 죽인다. 이들은 사람이 모여 사는 사회에서는 드러낼 수 없는 얼굴이라 아웃사이더가 되어 광야로 쫓겨난 존재다. 17세기가 되면서는 정신병원에 갇히고 구속되기도 한다.

여성들은 여러 얼굴 중 극히 일부만 내보일 수 있고 나머지는 억압해야 했기에, 여성성은 왜곡되고 분열되었다. 그러면 어떻게 여성성을 회복할 수 있을까? 이야기가 압제의 수단이 되었기에 그 매듭 역시 이야기로 풀어야 할 것이다. 그러므로 남성들이 말과 글을 전유했던 시대를 지난 지금, 이 이야기들을 소환해서 다시 써야 한다.

여기, 용에게 잡혀간 공주 이야기를 현대적인 시각으

로 다시 쓴 멋진 그림책을 소개한다.

용의 참모습을 발견하라

2015년 스티븐 렌턴의 그림책《데이지 공주와 수수께끼 기사》는 용과 공주의 관계를 정확하게 파악할 뿐 아니라 더 나아가 여성성을 잘 키우는 법까지 보여준다.

렌턴은 곤경에 처한 아가씨라는 모티프를 정확하게 인식하고, 이 모티프의 문제점을 첫 장에서 예리하고도 재미있게 지적한다.

> "동화들은 대부분 비슷비슷한 등장인물에 이미 알고 있는 듯한 이야기라서 지루해요. 흔히 이야기의 사건은 드래곤 때문에 일어나지요.
>
> 그리고 뾰족한 탑 꼭대기에 갇힌 공주님과 그 공주님의 아빠인 고집불통 임금님, 공주님과 결혼하고 싶어 하는 기사들이 나온답니다.
>
> 이 이야기에도 비슷한 등장인물들이 나와요. 하지만 읽

숲은 깊고 아름다운데

다 보면 무언가 다르다는 걸 알게 될 거예요."

이 서문에는 용에게 잡혀가는 공주라는 모티프에 딸린 서브 모티프가 등장한다. 바로 '탑에 갇힌 공주'다(이는 라푼젤 이야기에서 설명할 것이다). 영화 〈슈렉〉에서도 용은 여자다. 슈렉과 동키는 용에게 납치되어 '가장 높은 탑의 가장 높은 방'에 갇혀 있는 공주를 구하러 간다. 이 장면에서 곤경에 처한 아가씨와 탑에 갇힌 공주라는 전형적인 모티프를 아주 통찰력 있게 비튼다. 동키가 용과 맺어지는 이유는 아주 간단하다. 잡아먹히려는 순간에 용의 참된 내면을 알아보았기 때문이다. "넌 여자 용이구나! 여성적인 아름다움이 폴폴 풍겨!" 동키는 공주만 선택되고 뒤에 남겨진 여성의 속성을 알아보았던 것이다. 그렇게 슈렉의 조수이자 또 다른 남성성이라 할 수 있는 동키는 공주의 또 다른 여성성인 용과 맺어진다. 참으로 적절한 매칭이 아닌가 싶다.

우유 먹이기, 안아주기, 책 읽어주기의 힘

이 책의 주인공인 데이지 공주는 아버지 왕에 의해 탑에 갇혀 있다. 용을 학살할 기사들이 유형별로 등장하는데 모두 용을 잡는 데 실패하고, 소를 타고 등장한 의외의 기사가 상황을 해결한다.

원제의 'Nincompoop Knights'를 한국어판에서 단수형인 '수수께끼 기사'라고 번역하면서 의외의 기사를 나타내는 말로 바뀌었다. 하지만 원래는 '멍청이 기사들'이라는 뜻이다. 데이지 공주를 구하러 왔다가 실패하는 남성의 유형을 정형화해서 멍청이라고 한 것 같은데, '쓸모없는 기사'라고 번역했어도 좋았을 것이다. 아마존 서평에는 멍청이라는 말을 썼다는 이유로 발끈해서 별점 테러를 한 댓글도 있었지만, 공주를 구해줄 기사는 사실 필요 없으니 쓸모없다고 해도 충분했을 듯하다.

왜 공주를 구해줄 기사가 필요 없었을까? 데이지 공주가 수수께끼 기사로 등장해 용이 소란을 피우는 굴로 들어가서, 아기 용에게 우유를 주고 책을 읽어주고 안아 재

숲은 깊고 아름다운데

워서 문제를 해결하기 때문이다. 이 장면에 가장 통찰력 있는 메시지가 담겨 있다. 공주가 용이라는 사실은 이미 알고 있다. 그래서 공주는 왕국을 대신 다스려줄 기사와 결혼하는 대신, 자신이 성장하여 여왕이 되고 용도 같이 자라서 그 옆에 머문다. 용으로 상징되는, 남성들이 두려워하는 여성 내면의 힘을 어떻게 긍정적으로 갈무리하여 자신을 성장시킬 수 있는지 보여준 것이다.

여성 내면의 거대한 힘을 갈무리해서 키우는 데 필요한 것이 바로 우유, 안아주기 그리고 책이다. 게다가 데이비드 위즈너의 《끔찍한 용》에도 우유가 등장한다. 공주가 용으로 변해 사람과 동물을 막무가내로 해치자, 용을 달래기 위해 일곱 마리의 암소에게서 짠 우유를 매일 아침 가져가 달랬던 것이다. 일곱이라는 숫자는 완전수이므로, 꽉 차서 부족하지 않은 양이라는 뜻이다.

그러니까 여성이 내면의 용을 잘 갈무리하며 성장하려면 우유로 상징되는 양분이 필요하다. 생명을 키우는 힘이 여성을 양육하는 데 담뿍 쏟아부어져야 한다는 말이기도 하다. 안아주기는 관용과 이해, 따뜻함과 온기와 같은 힘을 뜻한다. 마지막으로 필요한 것이 바로 책, 즉 지식이다. 여성이 이 세 가지를 골고루 공급받으며 자랄 때 내면의 용은 더 이상 부정적인 힘을 내뿜는 괴물이 되지 않는다. 그리고 여왕이 되어 세상을 다스리는 힘을 발휘한다.

황금 열쇠로 여성의 내면으로 향하는 문을 열어야 한다

고대 여신들은 여성성의 원형을 나타내는 경우가 많다. 그래서 지극히 부정적인 여성성의 원형도 있다. 가장 부정적인 여신으로는 인도의 칼리를 꼽을 수 있다. 해골로 엮은 목걸이를 하고 마음에 안 드는 사람은 산 채로 우걱우걱 잡아먹지만, 맘에 드는 인간에게는 끝도 없이 잘해주는 속성을 지닌다. 이는 자기 자식만 끼고도는 부정적인 모성을 극대화한 원형이다. 여성이 내면의 용을 잘못 키우면 이렇게도 된다.

용에게 잡혀간 공주, 곤경에 처한 아가씨 모티프의 의

미를 잘 이해하면 이것은 옛이야기들을 열어주는 귀한 황금 열쇠가 된다. 어머니에게서 어머니로 전해진 옛이야기에 감추어진 비밀을 알아보는 것도 중요하지만, 그에 못지않게 자신의 내면으로 들어가는 문을 황금 열쇠로 여는 것도 중요하다. 옛이야기에 담긴 삶의 원형은 내 안에도 고스란히 들어 있다. 황금 열쇠를 찾아 그 문을 열자. 그 여정은 고되지만 돌아올 때는 빛나는 이마로 돌아올 것이다.

5장

탑에서 나와
광야를 걷는 여자

탑에 갇힌 아가씨 모티프의 전형, 라푼젤

탑에 갇힌 아가씨 모티프는 아른-톰슨 유형*에서 한자리를 차지할 만큼 많은 이야기에 등장한다. 용에게 잡혀가거나 아버지에 의해 탑에 갇힌 아가씨들에 관한 이야기 중 가장 오래된 것을 찾아보면, 그리스·로마 신화까지 거슬러 올라간다.

에드워드 번존스는 19세기 중후반 영국의 라파엘전파에 속하는데, 자신이 갇힐 청동 탑이 지어지는 것을 바라

---

* Aarne–Thompson–Uther Index. 전 세계적으로 같거나 비슷한 민담을 공유한다는 점에 착안하여 민담의 유형을 분류한 것.

보는 다나에를 그렸다. 아르고스의 왕인 아크리시우스는 손자의 손에 죽으리라는 예언을 받은 후, 하나뿐인 딸 다나에를 가둔다. 어떤 버전에서는 지하의 청동 방이라고도 하고, 또 다른 버전에서는 출구가 없는 청동 탑을 지어 가두었다고 한다. 그런데도 황금비로 변한 제우스가 다나에를 찾는 것은 막지 못했다. 결국 다나에는 그리스 신화에 등장하는 영웅 페르세우스를 낳는다.

접근이 불가능한 탑에 갇혀도 반드시 침입자가 있어서 갈등과 분열이 일어나는 방식으로 이야기가 전개되는데, 이를 잘 드러내는 옛이야기가 바로 《라푼젤》이다. "라푼젤아, 라푼젤아, 머리를 내려라"라는 구절로 유명한 이 이야기는 강렬하게 호소하는 면이 있어서 현대에 이르기까지 널리 읽혔다. 그중에서 폴 O. 젤린스키의 《라푼젤》이 가장 인상적이다. 젤린스키는 그림 형제가 채록한 이야기뿐 아니라 스위스와 이탈리아 접경까지 퍼져 있는 여러 이야기를 조사했다. 게다가 책 뒤에 라푼젤에 대한 여러 정보를 수록하기까지 했다.

자신이 갇힐 곳이 완성되는 모습을 바라보고 있는 다나에는 어떤 심정이었을까.

〈청동 탑을 바라보는 다나에(Danaë Watching the Building of the Brazen Tower)〉,
에드워드 번존스(Edward Burne-Jones), 1872년.

라푼젤을 주고,
라푼젤을 받은 거래

라푼젤은 램피온(rampion)이라고도 불리는 채소로, 꽃은 보랏빛의 방울 모양이고 잎은 샐러드처럼 먹을 수 있다. 마녀의 정원에는 라푼젤이 자란다. 그 옆집에 부부가 살았는데, 아내가 라푼젤을 너무 먹고 싶어 해서 남편이 담을 넘어 라푼젤을 훔친다. 라푼젤을 먹은 아내는 임신한다. 라푼젤을 더 먹고 싶어 하는 아내 때문에 남편은 라푼젤을 다시 훔치러 갔다가 마녀에게 들키고, 아기가 태어나면 마녀에게 넘겨주기로 하면서 이야기가 시작된다.

젤린스키는 마녀의 정원을 벽이 높고 문이 없는 곳으로 묘사한다. 다나에가 갇힌 청동 탑과 같다. 이것이 '닫힌 정원' 모티프다. 영시에서는 아가씨들을 노래하면서 '닫힌 정원'이라 칭하거나, 그 안의 '샘'을 칭송하곤 한다. 닫힌 정원은 라틴어로 호르투스 콘클루수스(Hortus conclusus)라고 하는데, 이 정원 안에는 생명의 샘이 숨겨져 있다. 성경에서는 성모마리아를 "나의 누이 나의 신부는 울타리 두른 동산이요 봉해둔 샘이로다(아가 4:12)"라고 비유한다.

닫힌 정원과 샘은 여성을 상징하는 전형으로, '닫혔다'는 말은 처녀성을 상징한다. 그래서 중세와 르네상스의 문학 작품과 그림 중에는 호르투스 콘클루수스에 있는 성모마리아를 그린 작품이 많다. 이쯤 되면 왜 성모마리아의 정원이 라푼젤 이야기에서는 마녀의 정원인지 궁금해진다. 성녀/창녀의 이분법이 새삼 흥미롭고, 성모마리아와 막달라 마리아가 둘 다 마리아인 이유도 알 것 같다.

젤린스키의 책에서는 옆집에 살던 이웃의 시선이 먼저 담을 넘는다. 그리고 라푼젤이 먹음직스러워 보여서 먹고 싶다는 강렬한 욕망이 생긴다. 이 욕망은 남자가 문이 없는 닫힌 정원에 침입하면서 성취된다. 순결한 처녀를 상징하는 정원에 침입하는 행위는 여자의 몸에 남자가 침입한다는 뜻이다. 그 결과, 아이가 생긴다.

라푼젤을 꺾다가 들킨 남자는 태어나는 아이를 마녀에게 주기로 약속한다. 마녀는 아기를 데려가 라푼젤이라고 이름을 지어준다. 고작 풀 몇 포기를 꺾은 대가로 아기를 데려가는 건 지나친 요구로 보인다. 그러나 상징계에서 이는 등가 교환이다. 라푼젤을 주고, 라푼젤을 받은 사건이기 때문이다.

성(聖)과 성(性)은 하나다

마녀는 라푼젤이 열두 살이 되어 2차 성징이 나타나자 숲으로 데려가 높은 탑에 가둔다. 이렇듯 이야기는 수직과 수평의 움직임을 보이며 전개된다.

여기에는 욕망의 기제도 보이는데, 먼저 눈이 가고 몸

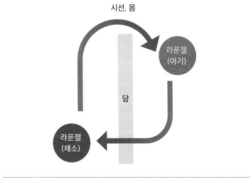

담 넘기

숲은 깊고 아름다운데

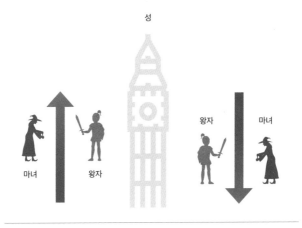

수직으로 움직이기

이 따라간다. 눈으로 봄직할 때 욕망이 생기고, 몸이 눈길을 따라 정원에 침입한다.

한편 사건은 수직으로 일어난다. 하늘에서 뚝 떨어진 것처럼 서사가 임하기 때문이다. 우리의 삶에 어떤 극적인 사건이 벌어질 때에도 하늘에서 떨어지는 것같이 느껴지곤 한다. 한편 성(聖)과 성(性)이 같은 통로로 움직이는 것도 흥미롭다. 늙은 여인/마녀는 감시하는 초자아이기도 하고, 뒤틀리거나 왜곡되지 않는다면 여성 내면에 존재하는 오래된 지혜이기도 하다. 원래 갇힌 정원에서 지내던 늙은 여인은 뒤틀린 성(聖)이라서, 자기 자신을 가두고 억압한다. 늙은 여자와 성애의 상대인 남자가 같은 채널로 움직이는 것은 성(聖)과 성(性)이 한 채널로 움직이거나 긴밀하게 엮여 있음을 의미한다. 따라서 우리말에서 이 두 단어가 동음이의어인 것은 우연이 아니다.

영어에서도 "거룩한 것(holy)은 구멍(holely)에 있다"고 한다. 예이츠의 시 〈미친 제인이 주교에게 말을 걸다(Crazy Jane Talks to Bishop)〉에서 미친 제인은 이렇게 말한다. "미(美)와 추(醜)는 친족에 가깝지. 그리고 미는 추가 필요해." 이 구절에서 미와 추를 성(聖)과 성(性)으로 바꾸어도 말이 된다. 더 나아가 이 시의 마지막 구절은 이렇다. "찢기지 않은 것은 그 어떤 것도 하나가 될 수 없고 온전할 수도 없으니까." 이 시에서 찢긴 것은 예수의 성흔(스티그마타)을 가리킨다. 예수님이 몸을 찢지 않고는 구원은 없기 때문이다. 찢어짐은 광야를 헤매며 고난을 겪는 과정을 의미하기도 한다. 이는 일반 사람들의 삶에 적용해도 말이 된다. 인간은 고난을 통해 완성되듯,

찢어져본 적이 없는 인생은 미완성이지 않을까.

셰익스피어의 희곡 〈맥베스〉도 세 명의 마녀(그리스 신화에서는 운명의 여신 모이라. 옛이야기 속 실을 뽑고 물레질을 하는 세 명의 여성으로, 빈번하게 등장하는 모티브이기도 하다)가 나타나 "미가 추이고, 추가 미지!"라고 외치며 시작된다. 이건 결국 성모마리아와 창녀 마리아가 결국 하나이고, 성(聖)이 성(性)이며, 공주가 용이라고, 정원은 곧 숲이라고 말하는 게 아닐까? 이분법으로 찢기고 나뉘어 고통받는 여성성이 실은 하나라고 말하는 건 아닐까?

이는 라푼젤에게도 딱 들어맞는다. 라푼젤과 왕자는 머리카락이 잘리고 눈이 멀면서 '찢어지지' 않고는 둘이 하나가 될 수 없으며, 둘이 하나인 전체(whole)가 될 수 없다. 영어에서 whole은 '온전한'이라는 뜻도 있으므로, 둘이 한 몸을 이루어 참된 통합을 이루어내는 온전함은 찢겨보지 않고는 불가능하다는 말도 된다.

이는 단순히 이성애 커플의 통합을 가리키는 게 아니다. 한 인간의 내부에 있는 여성성과 남성성의 대통합에 관한 이야기로 읽어야, 한 인간의 구원이 어떻게 이뤄지는지 비로소 깨달을 수 있다.

눈이 먼 남자, 목소리를 잃은 여자

성장은 수평적인 확장을 통해 일어난다. 이곳에서 저곳으로 가보지 않고는 누구도 성장할 수 없다. 갇힌 탑은 보호받고 양육받는 갇힌 세계로, 여기에서 벗어나 껍데기를 깨고 나오는 계기는 사랑, 그것도 성애를 동반한 사랑이다. 자신을 지키려는 자아와 타인을 지향하며 자신을 내주고 싶다는 욕망 사이의 강렬한 줄다리기를 경험하면서, 내면이 온통 휘저어진다. 새는 그렇게 알에서 깨어나 광야로 간다.

그러나 여자 혼자 변한다고 해서 성장할 수 있는 건 아니다. 남자도 자기 몫의 광야를 거쳐야 한다. 상식적으로 생각해볼 때, 왕자가 눈이 멀었다고 해도 왕이 있는 성으로 돌아가지 않는 건 이상하다. 흥미롭게도, 이야기에서 눈이 머는 건 주로 남자들이다(여자는 주로 목소리를 잃는다). 사람을 볼 줄 모르는 무지몽매함, 그러니까 여자

숲은 깊고 아름다운데

수평으로 움직이기

를 동등한 인간으로 보지 못하는 눈먼 상태가 흔히 일어
나기 때문이 아닐까 싶다. 어리고 미숙한 남자는 눈이 먼
상태로 광야를 헤매다가, 영적인 통찰과 인도를 상징하
는 노랫소리를 듣고 자신의 여자와 만나 화합해야 한다.

그러니까 라푼젤 이야기는 여자와 남자가 온전한 파트
너십을 이루기 위해 어떻게 성장해야 하는지 설명하는
한편, 한 사람 내면에 있는 여성성과 남성성이 어떻게 온
전하게 통합을 이루어야 하는지 알려주기도 한다.

통합을 이룬 커플 혹은 자아는 비로소 성으로 향한다.
이는 성경에서 예수가 지상에 재림할 때 구원받은 성도
들이 향하는 새 예루살렘과 일맥상통한다. 기독교에서도
태초의 정원인 에덴동산에서 출발해서 새 예루살렘 성

으로 가는 구원의 서사를 다룬다. 《작은 아씨들》의 마치가(家) 자매들이 자주 언급해서 궁금해지는 영문학 고전, 존 번연의 《천로역정》도 주인공 크리스천이 정원에서 성으로 가는 서사 구조를 보여준다. 그리고 《라푼젤》도 정원에서 시작해 성으로 가는 이야기다.

누구나 자기 몫의 광야를 걷는다

누구나 정원에서 출발해 탑에 갇혔다가 광야를 헤맨다. 정원은 순수해서 행복했던 어린 시절을 상징하기도 한다. 그러다가 2차 성징이 시작되면 세상이 만든 탑에 갇힌다. 그때가 되면 사회의 기대와 규칙과 관습을 인식하고, 그 안에 자신이 갇혀 있음을 깨닫는 것이다. 소수에 속하는 특성을 지닌 사람일수록 기존 사회의 관행이 자신을 가두는 철벽의 성처럼 느껴진다.

광야를 거쳐 도착한 성은 무언가를 성취하는 장이다. 사회의 사다리를 올라가 트로피처럼 여성을 얻으면 된다는 식의 그릇된 관계는 그 전제가 뒤틀렸기 때문에 실패

숲은 깊고 아름다운데

할 수밖에 없다. 갇혀 있든, 올라가서 거머쥐려 하든, 모두 자기 몫의 광야를 걸어야 한다.

그러나 누구나 광야를 잘 거쳐서 자기 통합에 성공하고 성에 입성하는 것은 아니다. 그러니 부디 자기 몫의 광야를 제대로 거쳐서 내적인 통합을 이루길, 평화와 안정의 성에 들어가기를. 삶의 의미는 광야를 걸어 성에 도달하는 과정에 있지 않을까.

6장

자식은 죽여도
아버지는 못 죽인다

한국에 거인 이야기는 많지 않다

서구권에는 거인 이야기들이 그렇게나 많은데 왜 한국에는 거인 이야기가 없을까? 그렇다고 거인 이야기가 아예 없는 것은 아니다. 거인에 대한 기록이 고문헌에 남아 있어서 찾으려 들면 있기는 하다. 다만 민간에서 향유되었다고 보기는 어렵다.

《신당서》〈신라전〉에는 이런 기록이 남아 있다. "신라는 변한의 먼 후예다. 한나라 때의 낙랑 땅에 사는데, (땅의 크기가) 횡으로 1천 리, 종으로는 3천 리다. 동쪽은 장인(長人, 키가 큰 사람들이 사는 나라)에 닿고 동남쪽은 왜, 서쪽은 백제, 남쪽은 바다에 닿아 있으며, 북쪽에 고구려가 있다."

또 《태평광기》〈신라편〉에도 다음과 같은 기록이 있다. "신라국은 동남으로는 일본과 더불어 이웃하고, 동쪽으로는 장인국과 접한다. 장인들은 몸이 3장이며, 톱날 같은 이에 갈고리 손톱을 가지고 있는데, 불로 음식을 익혀 먹지 않고 금수를 쫓아 이를 먹는다. 때로는 사람도 먹는다. 몸은 벌거벗고 있으며, 검은 털이 이를 덮고 있다. 그 경한(境限)은 산이 수십 리나 줄지어 있고, 가운데에 산골짜기가 있는데 이를 이르러 철관(鐵關)이라 한다. (신라는) 항상 궁노(弓弩) 수천 명으로 하여금 이를 지키게 하니 (장인들이) 넘어오지 못한다."

신라의 동쪽은 바다이므로 대체 장인국이 어디인지, 여기서 말하는 신라의 위치는 한반도가 맞는지, 연거푸 의문만 생길 뿐이다. 신라에서 유독 키가 큰 인골이 발견되었다는 점과 《삼국유사》에 나오는 지증왕이 기골이 장대하여 키가 2미터 50센티미터 정도였다는 건 알 수 있다. 그러니 신라와 키 큰 사람 사이에 모종의 관계가 있다고 추측할 뿐이다.

숲은 깊고 아름다운데

거인이 나오는 옛이야기로는 제주도의 설문대할망 혹은 마고할미 이야기가 있다. 그러나 제주도는 본토에서 떨어져 있어서 근대 초기까지는 교류가 적었으므로, 이곳의 이야기가 널리 향유되지는 않았다.

그보다 중요한 것은 거인 이야기가 한국에서는 대중에게 널리 전해지거나 향유되지 않는데 서구권에서는 아주 많다는 점이다.

거인 죽이기는 바로 아버지 죽이기

서구에서 거인 전설이 가장 많은 나라가 바로 영국이다. 대표적으로 《거인 사냥꾼 잭》이 있다. 잭에 관한 이야기는 많지만, 그중에서도 《잭과 콩나무》가 가장 유명하다. 이는 한 세대에서 다음 세대로 물질적, 정신적 자산을 물려주는 '상속'에 대한 이야기다.

대개 거인은 아버지를 상징한다. 위에 사는 거인은 가계도에서 위쪽을 차지하는 아버지처럼 죽는다. 직접 죽이지 않아도, 수명이 다해 죽기 마련이다. 아래에 살고

> "사라져야 하는 권력자와
> 새로 부상하는 상속자
> 사이에는 늘 긴장이 존재한다."

가계도상 아래쪽에 위치한 아들 잭은 아버지의 자산을 물려받는다. 잭이 거인에게서 훔쳐 오는 것은 금화, 금을 낳는 닭, 음악을 연주하는 하프다. 상속받은 유산으로 치면, 처음에는 재산, 그다음에는 재산을 일굴 수단, 마지막으로 정신적인 유산을 물려받아 상속이 마무리되는 셈이다.

인간의 수명이 유한한 덕분에 한 사람이 가진 권력과 재산이 상속을 통해 분배된다는 것은 공동체의 측면에서는 다행스러운 일이다. 사라져야 하는 권력자와 새로 부상하는 상속자 사이에는 늘 긴장이 존재한다. 《잭과 콩나무》는 이런 사실의 오래된 원형을 담은 이야기다.

현대에 와서 이를 다시 쓴 메리 포프 오스본의 그림책 《케이트와 콩나무》를 보면 《잭과 콩나무》가 상속에 대한 이야기임이 더욱 분명해진다. 케이트는 콩나무를 타고 구름 위에 있는 거인의 성에 가서 세 가지 보물을 훔쳐 온다. 거인이 죽고 난 후 요정 대모가 나타나서, 원래 구름 위의 성은 케이트의 아버지가 소유한 성이었는데

숲은 깊고 아름다운데

거인이 아버지를 죽여서 어머니가 케이트만 데리고 육지로 쫓겨 내려왔다는 진실을 알려준다. 결국 케이트가 성과 보물의 적법한 상속자였던 셈이다.

흥미롭게도 케이트는 콩나무를 올라갈 때 남자로, 또 늙은 여자로 변장한다. 이는 성별과 나이를 넘나드는 상속자의 정체성을 드러낸다. 그리고 사회의 지분은 아버지에게서 아들로만 전해지는 것이 아니라, 딸을 비롯하여 다른 조건을 가진 사람들도 상속자의 자격이 있음을 암시한다. 이 책은 원전에서 한발 더 나아간 변용을 보여준다. 새로운 시대를 반영하여 다시금 쓰인, 잘된 이야기가 아닐 수 없다.

거인이 심장을 숨겨둔 곳

거인과 아버지 상징을 더 깊이 살펴보면 남성 심리의 원형도 볼 수 있다. 노르웨이의 옛이야기인 〈심장 없는 거인〉은 아스비에른센과 모에가 채록하고 카이 닐센이 삽화를 그린 《해의 동쪽 달의 서쪽》에 실려 있다. 이 옛날이야기에는 놀라운 비밀이 숨어 있다. 그 줄거리는 다음과 같다.

옛날에 일곱 아들을 둔 왕이 살았다. 장성한 아들들은 신부를 찾기 위해 여행을 떠나고, 막내는 남아서 늙은 아버지를 돌보기로 했다. 돌아다니던 왕자들은 여섯 공주를 둔 왕의 성에서 공주들이 마음에 들어 청혼했다. 그런데 왕자들은 막내 왕자를 위한 신붓감은 깜빡한 채 공주들과 함께 집으로 향했다. 거대한 산 옆에 있는 거대한 집을 지나치는 순간, 거인이 튀어나오더니 왕자와 공주를 모두 돌로 만들어버렸다.

형들이 돌아오지 않자, 막내 왕자는 형들을 찾기 위해 길을 나섰다. 배가 고파 땅에 떨어진 까마귀에게는 먹을 것을 나누어주고, 땅에서 퍼덕이는 연어를 만나서 물에 넣어주었다. 그리고 아무것도 먹지 못한 늑대 한 마리가 길에 쓰러져 있어서, 말을 먹이로 내주는 대신 늑대를 탈 것으로 삼는다.

늑대는 형들이 거인에게 잡혔을 거라며 막내 왕자를 거

인의 집에 데려다주었다. 그리고 그곳에 있는 공주가 시키는 대로 할 것을 당부했다. 거인의 집에 들어가니 마침 거인은 없었고 아름다운 공주만 있었다. 거인에게 잡혀 있던 공주는 거인은 심장이 몸에 없어서 죽일 수 없다고 알려주었다.

왕자는 침대 밑에 숨고, 거인이 돌아오자 공주는 거인의 비위를 맞춰주며 심장은 어디 있는지 물어보았다. 거인은 문지방 아래 있다고 대답했다. 다음 날 공주와 왕자가 파보았지만 아무것도 없었다. 그날 저녁에 공주가 다시 물어보자, 거인은 벽장 안에 있다고 대답했다. 다음 날 벽장을 뒤졌지만 역시 심장은 없었다. 그날 밤, 공주는 문지방과 벽장을 꽃으로 장식하고는 거인을 사랑해서 심장이 있는 곳을 꾸며주고 싶다며 울었다. 그러자 거인이 심장이 있는 곳을 알려주었다.

거인의 심장은 멀리 떨어진 호수에 있는 섬에 지어진 교회 안 깊은 우물에서 헤엄치는 오리가 품고 있는 알 속에 있었다. 다음 날 왕자는 늑대를 타고 달려가 호수를 헤엄쳐 건넌 후 교회 앞에 도착했다. 교회 열쇠는 높은 탑 꼭

대기에 걸려 있었는데, 먹을 것을 준 까마귀가 나타나 열쇠를 물어다 주었다. 오리를 잡아 알을 빼앗았지만 그만 알을 깊은 우물에 빠트리고 말았다. 이번에는 연어가 나타나 알을 찾아주었다. 그러자 막내 왕자는 심장을 터트려버렸다. 그러자 거인은 죽고, 마법에 걸려 돌이 되었던 형들과 신부들은 원래 모습으로 돌아왔다.

막내 왕자는 아름다운 공주와 함께 아버지의 왕국으로 돌아가 오래오래 행복하게 살았다.

아들들을 세상으로 내보내는 아버지와, 재산과 권력을 독차지하고 기존의 질서를 돌처럼 정체된 상태로 유지하려는 거인은, 사실 아버지가 지닌 두 속성이다. 거인은 극복하고 죽여야 하는 아버지의 속성인데, 공교롭게도 심장이 없어서 죽일 수 없다.

이야기에서 왕자를 도와주는 동물은 까마귀, 연어, 늑대다. 까마귀와 늑대가 제우스의 아들인 아폴론을 나타내는 동물인 것은 우연이 아니다. 한편 연어는 바다와 민물을 넘나들며, 강을 거슬러 오른다. 아들은 아버지의 권

숲은 깊고 아름다운데

력과 위계를 거스르므로 연어가 등장하는 것도 의미가 있다.

이 이야기에서 가장 눈여겨볼 점은 거인의 심장이 숨겨진 곳이다. 거인의 심장은 멀리 있는 호수에 있는 섬, 섬에 있는 교회, 교회 안 우물, 우물 속에서 헤엄치는 오리, 오리가 품고 있는 알 속에 있다. 멀리 있는 호수는 무의식이나 잠재의식을 뜻하고, 높은 첨탑의 교회는 높이 솟은 가부장 제도의 겉모습을, 그 안의 우물은 더욱 깊은 내면으로 하강하는 것을 의미한다.

또한 우물은 여성을 상징하고, 오리도 이집트 신화에 등장하는 이시스 여신의 상징이다. 앞에서도 말했듯, 이시스 여신은 오시리스가 죽고 난 후 13개로 조각난 몸을 모아 밤새 울며 기워서 부활시켰다. 이는 치유하는 여성적인 힘, 남성 속의 아니마(anima)를 뜻한다. 그런 이시스 여신을 상징하는 오리의 알 안에 거인의 심장이 있는 것이다.

놀랍게도 거인의 심장이 있는 곳의 구조는 융이 말한 남성 내면의 제엘레(Seele), 즉 심혼(心魂)의 구조와 같다.

융은 알이 연금술에서 "세계 혼을 내포하고 있는 혼돈, 기본 물질"이며 "자기 성찰을 위한 주의 집중"을 의미한다고 했다.*

그런데 막내 왕자는 거인의 심장이 들어 있는 알을 깨뜨려버린다. 이는 아버지의

> "남성성 속의 여성성이 구원의 힘이다."

두 가지 속성 중 압제하고 착취하고 정체하는 속성을 심혼까지 들어가 없앤다는 의미다. 아버지를 롤 모델로 삼는 남성은 아버지로 상징되는 내면의 힘 중에서도 부정적인 힘을 없애야 아버지를 넘어설 정도로 성장할 수 있다는 뜻이기도 하다.

내면의 여성적인 힘의 도움, 즉 우물과 오리, 아름다운 공주의 도움을 받을 때 이러한 성장과 자아의 대통합이 가능하다. 즉, 여성과 화합해 긍정적인 남성성으로 돌아가는 것이다. 소년이 어른으로 자라는 옛이야기들을 보면, 항상 여성적인 것에 의해 구원을 받는다. 여자가 아

---

* 김부영, 《자기와 자기실현》, 한길사, 192쪽

니라 여성적인 것이 구원이고, 남성성 속의 여성성이 바
로 구원의 힘이다.

슈퍼 히어로에게는 아버지가 없다

아버지는 기존의 사회 질서, 제도 및 권력을 상징하므
로, 거인으로 상징되는 아버지는 죽여야 한다. 그래야 다
음 세대가 설 자리가 생긴다. 상징계에서는 그렇다. 그런
데 아버지가 너무 강해서 아버지의 그늘에서 하라는 일
만 하고 되라는 만큼만 되는 아들이 있는가 하면, 아버지
를 들이받거나 기어코 넘어서는 아들도 있다. 그래서 아
버지가 너무 잘나면 아들은 힘들다. 아버지만큼만 되기도
힘들고, 아버지의 기대에 부응하기는 더 까마득하기 때
문이다. 그러나 좋은 부모는 자식에게 들이받힐 줄 안다.
자식이 들이받으러 오면 적당히 들이받히는 부모가 좋은
부모라는 뜻이다.

이 과정에서 부모와 자식이 서로 부서지고 다치지 않으
려면, 단단한 콘크리트 벽이 아니라 탄성 좋은 고무 벽이

되어야 한다. 자식이 다치지 않게 튕겨내면서 "너는 나를 넘어가렴" 하며 어깨너머로 넘겨주는 부모가 훌륭한 부모다.

남자들은 대체로 아버지의 기대에 따르거나, 아버지에게 반항하거나, 인정받기 위해 주변을 맴돌거나, 아버지를 넘어서려 애쓴다. 재미있는 건, 할리우드 블록버스터의 슈퍼 히어로들은 아버지가 없다는 사실이다. 배트맨, 스파이더맨, 아이언맨, 슈퍼맨은 아버지가 없다. 북유럽 신화에서 토르는 오딘의 동생이지, 아들이 아니다. 영화에서도 오딘은 결국 후대를 위해 사라져준다.

"나쁜 아버지보다는 본인이 선택한 훌륭한 아버지 상이 있는 편이 백배는 낫다."

슈퍼 히어로에게 아버지가 없다는 사실은, 바꿔 말하면 슈퍼 히어로가 되려면 아버지가 없어야 한다는 뜻이다. 평범한 아들은 아버지를 기준점으로 삼는다. 그래서 아버지를 넘어서더라도 플러스알파만큼만 올라간다. 그러나 기준점이 없으면, 즉 아버지가 없으면 끝도 없이 올라갈 수 있다. 슈퍼 히어로는 아버지가 없으므

숲은 깊고 아름다운데

로 일반적인 인간의 경지를 넘어설 수 있다. 기준점이 사라졌으니 끝도 없이 하늘이 트이는 것이다.

물론 아버지 상이 필요 없다는 말은 아니다. 나쁜 아버지보다는 본인이 선택한 훌륭한 아버지 상이 있는 편이 백배는 낫다. 이는 내가 아들에게 해준 말이기도 하다. 아버지 없이 자라는 내 아들을 위해, 나는 아버지가 없이도 잘 자라는 아들의 이야기를 끊임없이 찾았다. 그리고 거인과 슈퍼 히어로 이야기, 아버지 없이 자라 미국 대통령까지 된 오바마의 이야기를 들려줄 수 있었다.

그 자리에 없기에
더욱 강력한 아버지의 존재

이제 한국으로 시선을 돌려보자. 거인에 대한 기록은 있어도 널리 전승되는 거인 이야기가 없고, 거인을 죽이는 이야기가 없으며, 살부(殺父) 모티프가 없다는 것은 무슨 뜻일까? 이에 대해 김영희의《한국 구전서사의 부친 살해》에서 깊이 다루고 있다. 저자는 한국에는 제대로 된 부친 살해 옛이야기가 없다고 말한다. 부친 살해라고 해서 놀랄 필요는 없다. 어디까지나 상징계의 이야기이기 때문이다. 아버지 살해의 의미에 대해 저자는 이렇게 설명한다.

> "살해당한 '아버지'가 토템으로서 사후적 숭배의 대상이 되듯이 기존 질서와 규범은 살해당해 과거로 흘러갔을 때 비로소 역사의 한 페이지를 구성하며 그 가치를 인정받게 된다. '아버지'로 표상되는 세계는 '아버지'를 살해한 아들들의 세계를 통해서 비로소 존재 가치를 획득하게 되는 것이다. 살해당한 '아버지'는 영원한 빈자리로 남으며 이 결여를 통해 아들들은 비로소 상징적 질서로 진입할 수 있게 된다. 따라서 살해당한 '아버지'는 새로운 세계의 구축을 위한 필수 조건이며 '아버지'는 살해당했을 때 비로소 아들들을 상징계로 이끄는 진정한 안내자의 역할을 할 수 있다."(김영희, 《한국 구전서사의 부친 살해》, 월인, 12쪽)

다시 말해 아버지라는 가부장 권력은 부재를 통해 강

화된다. 최태섭의 《한국, 남자》를 읽다가 놀란 것도 바로 이 점을 정확하게 짚었기 때문이다. 내 어릴 적 장면이 떠올랐다. 아버지는 내가 어릴 적에 아랍에서 일하는 바람에 집에 안 계셨다. 그런데 어머니는 고봉밥 한 그릇을 아랫목에 묻어두곤 하셨다. 아버지는 부재했어도 아버지의 자리를 만들고 존경을 표하면서, 그렇게 아버지의 권력이 생겨났다. 이것이 바로 부재하는 아버지의 권력이 강화되는 과정이다.

그렇기에 부계 중심의 제사가 아버지들의 권력을 강화하는 기제라는 사실은 명확하다. 부재하는 권력이라는 논리에 따라, 피 한 방울 섞이지 않은 여성들의 노동력이 제사에 동원되는 이유도 분명하다. 부재하기 때문에 바꿀 수도, 도전할 수도 없는 권력에 몸을 굽혀 일하며 부역하는 자들을 잘 빚어내고 있지 않은가.

자식은 죽여도 부모는 못 죽인다

아버지로 상징되는 기존 질서와 권력이 물러나야 아

들들은 새로운 시대를 시작할 수 있다. 그렇기에 부친 살해, 즉 거인 죽이기 모티프가 있는 서구 사회에서는 혁명이 일어났다. 서구에서는 기존 사회 질서가 부조리할 때 이를 넘어서도 된다고 배우며 자랐기 때문이다. 이야기로 존재하지 않는 사건은 현실에서도 일어나지 않는 법이다. 다시 말해 이야기를 통해 개연성이 주어지면 현실에서 이룰 수 있다. 이것이 이야기가 가진 힘이기도 하다.

그렇다면 한국에서 거인을 죽이는 이야기가 없는 것이 왜 문제일까? 후대가 이전 세대를 넘어설 여지를 주지 않기 때문이다. 그뿐 아니라 기성세대를 위해 후대를 죽이는 이야기가 널리 전승되는 것 자체가 더 큰 문제일 것이다. 한국에 널리 퍼진 옛이야기 중 아기장수 이야기가 있다. 한국 전역에 용마암이라는 이름이 붙은 바위가 있는데, 대개 이런 고장에는 아기장수 이야기가 전해 내려온다. 용마는 아기장수를 태우러 태어났지만, 아기장수가 살해당하고 없어서 슬피 울다 떨어져 죽어서 바위가 된 존재다.

아기장수는 겨드랑이에 날개가 달려 있고 힘이 장사이며 비범했다. 그러나 아직 어린 아기장수가 앞으로 역적이 될 수도 있다고 하여 부모가 나서서 아기장수를 죽인다. 그리고 아기장수의 소문을 듣고 찾아온 관군에 의해 다시 한번 죽는다.

이뿐인가? 늙은 부모를 봉양하기 위해 자식을 죽이는 〈손순매아(孫順埋兒)〉와 같은 효행담이나, 사회의 안녕을 비는 에밀레종을 주조할 때 아기를 쇳물에 넣었다는 전설도 전해진다. 이 땅에서는 효라는 명목하에 부모를 위해 자식이 희생당하는 메시지가 유포되었다. 그래서 수천 년에 걸쳐 진정한 의미에서 지배 계층이 바뀐 적이 한번도 없다는 주장도 있다.

실제로 역사를 살펴보다 보면 고개를 갸웃하는 지점이 있다. 대표적인 사건이 고려시대에 원나라의 침략을 받았을 때가 아닐까 싶다. 왕이나 귀족과 같은 지배 계층이 강화도로 도망가 잘 먹고 잘사는 동안, 평민들은 30년간 원나라 군대와 싸우면서 어렵사리 살아남았다. 결국 몽고에 정복당하면서 그 앞잡이가 지배층으로 복귀했다. 그런데 평민들은 30년간이나 투쟁했으면서도 세금이나 걷으러 본토로 오던 자격 없는 지배층을 왜 다시 받아들

였을까? 어쩌면 자격 없는 지배층이 효와 충이라는 이데올로기로 피지배층에 대한 가스라이팅을 강화한 것이 아닐까 싶다.

작금의 상황 역시, 젊은이들이 누려야 할 사회적인 지분을 기성세대가 대부분 선점해버린 것 같아 탄식하지 않을 수 없다. 옛날이나 지금이나, 이 나라는 기성세대를 위해 젊은 세대가 희생당하는 것만 같아 안타까울 뿐이다.

그렇기에 우리에게는 거인 이야기가 필요하다. 뒤에 오는 세대가 부조리한 기성세대를 무너뜨리고 넘어가게끔, 가능성의 씨앗을 이야기에 담아 다음 세대에게 전해야 한다. 나이 든 자들은 아쉬워하지 말았으면 좋겠다. 자식이 부모를 넘어가게 하듯이, 다음 세대에게 우리를 넘어가라고 하는 것이 사랑이고, 공동체 전체를 살리는 길이기 때문이다.

아버지는 죽어도 다시 돌아온다

거인의 유골을 찾았다는 가짜 뉴스가 인터넷에 넘쳐난

다. 그런 뉴스에는 흙에 파묻힌 거인의 유골이 실리곤 한다. 그 사진을 보면 과거로 돌아가 후대를 살리는 양분이 되었으니 거인의 뼈를 던져 이 세계를 만들었다는 신화가 사실일 수도 있다는 생각이 든다.

아버지 죽이기의 원전은 그리스 신화에서 찾아볼 수 있다. 아들 크로노스가 아버지 우라노스를 죽이고, 아들 제우스가 아버지 크로노스를 죽여서 만들어진 세계관이 그리스·로마 신화니까 말이다. 그리고 이를 세계관으로 삼은 서구 문화에서는 거인 죽이기뿐 아니라 부친 살해 모티프가 곳곳에 남아 있다.

세계 어디에서나 어머니는 자연이거나 대지다. 그런데 서구권에서 아버지는 시간이다. 'Father Time'이라고 구글에서 검색하면 거대한 낫을 들고 망토를 쓴, 죽음의 사자라고 알려진 이미지가 뜬다. 그리스 신화에서 시간의 신은 농업의 신이기도 한 크로노스(Cronos, 로마 신화에서는 사투르누스(Saturnus))다. 제우스의 아버지 크로노스(Chronos)와는 다른 신인데, 수천 년이 지나면서 서구인들도 헷갈리면서 시간의 신 크로노스가 되어버렸다.

루벤스의 그림에서도 농업의 신이자 제우스의 아버지인 크로노스가 아이를 잡아
먹는다.

〈아들들을 집어삼키는 크로노스(Cronus devouring one of his son)〉,
17세기, 페테르 파울 루벤스(Peter Paul Rubens)

아버지 시간은 서구의 여러 문학 및 예술 작품에 빈번히 등장한다. 세계적으로 유명했던 벨기에의 TV 애니메이션 〈스머프〉에도 등장하고, 〈샬롯의 거미줄〉에서도 언급되며, 2016년 영화 〈거울 나라의 앨리스〉에서는 크로노스피어(Chronosphere)를 가지고 원더랜드의 타임라인을 지배한다.

그러니 살해당한 아버지는 사라진 것이 아니다. 수명이 다하면 시간이 되었다며 낫을 들고 생명을 수확하러 온다. 아버지들은 죽어도 늘 돌아오니, 살해당한다고 해서 아쉬워할 필요가 없다. 더구나 아버지는 그 자리를 비워서 신화가 되고 더욱 강력해지지 않던가.

7장

백설공주 계모 왕비의
거울 뒤, 그놈 목소리

거울이 있어야만
자신을 볼 수 있는 인간

아기는 처음 태어났을 때 자신과 엄마가 별개의 존재라는 인식조차 없다. 아무것도 인지할 수 없는 거대한 의식이 세상을 향해 뻥 뚫린 상태(힌두교에서는 차크라가 열린 상태라고 한다)로 기본적인 욕구부터 왕성하게 발현된다.

아기에게 수유할 때 엄마가 눈을 맞춰주는 것이 좋다는 것은 상식이다. 이는 아기의 정서에 좋다고 하지만, 자아 발달에도 중요하다. 아기는 눈을 맞춰주는 엄마의 눈동자에 비친 자신의 모습을 본다. 그러면서 비로소 엄마와 자신이 별개의 존재임을 인식한다. 이것이 자아 발달의 첫 단추다. 이렇게 인간은 비추어 보는 존재다. 다른 이에게 자신을 비추어 자아가 발달하기 때문이다. 그 후로 아기는 손과 발을 휘저어 신체의 경계를 그리며 자아 개념을 구축한다. 물질계에서 이만큼의 물질적 용량을 차지하는 자신을 깨닫는 것이다.

아이는 점점 커가면서 말을 하고, 여러 대상뿐 아니라 자신의 이름을 배운다. 아이가 자신을 '나'라고 제대로 지칭하기까지는 생각보다 오랜 시간이 걸린다. 아이들은 12개월 정도가 되면 말을 시작하고, 24개월 정도면 자신을 이름으로, 그러니까 3인칭으로 일컫는다. 그러나 아직 '나'라는 대명사를 문맥에 맞추어 쓰지 못한다. 빠르면 3세부터 쓰지만, 7세가 되어도 제대로 쓰지 못하는 아이도 있다. 대략 만 5세 정도가 되어야 '나'라고 부르는 듯하다. 영어권 아이들은 I보다 my와 mine을 더 많이 쓰는 시기가 있다. 한국어권에서도 '나는'이나 '내가'보다 '내거'를 먼저 쓰기 시작한다.

이런 발달 과정은 아이가 남들이 부르는 이름으로 자

숲은 깊고 아름다운데

신을 인식한다는 반증이기도 하다. 즉, 사람은 타인에게 비추어야만 자신이 누구인지 알 수 있다. 아이가 자신을 3인칭으로 일컫는 것은 아직 타인이 바라보는 시선에 온전히 의존해서 자신을 인식하고 있다는 뜻이다. 다른 이들을 바라보며 자신을 '나'라고 일컫는 주체성을 성립하는 것은 쉬운 작업이 아니다.

이를 거울 자아 이론이라고 하는데, 다른 대상에게 자신을 비추어 자아가 발달한다는 뜻이다. 엄마의 눈동자를 보며 최초의 자아 인식이 시작되는 것을 보면, 인간이 자신을 발견하는 데 거울은 아주 중요하다.

백설공주 계모의 거울은
권력을 지닌 남성의 목소리다

인간은 물에 비친 자신을 보면서 자아 성찰을 시작했다. 물에 얼굴을 비추어 보는 가장 오래된 신화인 나르키소스 이야기는 '비추어 보기'를 통해 인간이 얼마나 그릇된 길로 비껴갈 수 있는지 잘 보여준다.

옛날이야기 중 거울이 등장하는 대표적인 이야기는 《백설공주》다. 계모이자 마녀인 왕비는 누가 세상에서 가장 예쁜지 거울에 대고 묻고 또 묻는다. 그 덕분에 거울은 이야기 내내 존재감을 과시한다. 거울은 백설공주 다음으로 계모 왕비가 예쁘다며 가치 평가를 하고, 백설공주가 잠시 죽었을 때는 계모 왕비가 가장 예쁘다고 하더니, 백설공주가 이웃 나라 왕비가 되자 그 왕비가 가장 예쁘다고 말을 바꾼다. 거울이 이렇게 외모를 두고 평가질할 수 있는 권력은 대체 어디서 비롯될까?

백설공주 이야기에서 가장 큰 의문은 아버지 왕은 어디에 있을까 하는 것이다. 계모를 들여 그녀에게 권력을 부여한 자는 바로 아버지 왕이다. 그의 권력이 이 이야기를 가능하게 만드는 가장 기본적인 기반인데도, 그는 마치 없는 사람처럼 등장하지 않는다. 그저 왕국이 있고 왕비가 있으니 왕이 있을 거라고 추측할 뿐이다. 그런데 과연 아버지 왕은 이 이야기에 존재하고 있는 걸까?

백설공주와 유사한 여러 나라의 이야기에서는 가장 아름다운 사람을 말해주는 건 거울이 아니라 다른 사람, 짐

숲은 깊고 아름다운데

승 혹은 달이다. 앞에서 얘기했듯 사람은 다른 사람에게 비추어 자의식을 키워간다. 이 점을 고려한다면, 누가 더 아름다운지 판단하고 결정하는 권력이 과연 누구에게 있는지, 계모 왕비가 그 평가에 왜 그렇게 목을 매는지가 분명해진다. 외적인 아름다움을 평가하고 판단하는 권력자가 자신의 입지를 제공해주는 원천이라면 당연히 경쟁자를 제거하려고 들 것이다.

마리아 타타르는 《그림 형제 동화의 명백한 사실들(The Hard Facts of the Grimms' Fairy Tales)》에서 "거울 속의 목소리는 아버지의 존재를 느껴지게 하는 수단"이라고 설명한다. 다시 말해 거울은 아버지의 목소리를 대변하는 권력이다. 여성의 가치를 외모로 국한하여 평가하는 건 남성이다. 남성들이 감상하는 대상에게 매기는 점수에 따라 권력 쪼가리를 부여해주는 궁극의 권력은 가부장이다. 여성들은 외모 말고는 가치 없는 존재라는 기준에 자신들을 욱여넣고, 이는 목에 걸린 독사과처럼 여성을 압박한다.

흑인 여성이자 미국 작가인 트레시 맥밀런 코텀은 《시

크》에서 "여성들이 법적, 정치적, 경제적 도전 없이 주장할 수 있는 자산은 아름다움뿐"이고, "여성에게 용인된 합법적인 자본으로 아름다움이 유일한 세상"이기 때문에 여성들이 외적인 아름다움에 목숨을 거는 것이라고 말한다. 백설공주 이야기의 원전에서는 대부분 계모 대신 친모가 등장하는 점에서 알 수 있듯이, 어머니가 딸을 경쟁자로 여길 만큼 외모라는 자산은 설실하다.

그러니까 백설공주의 이야기는 거울에 자신을 비추어보며 그 존재 가치를 보장받는 여성들의 운명을 그린 비극적인 이야기다. 왕자가 개입하고 나서야 백설공주는 구원받는다. 그러나 나는 남성의 힘에 의해서만 구원받을 수 있는 이런 세계에서 여성으로서 살고 싶지 않다. 이 이야기부터 바꾸어야 현실도 바뀌지 않을까?

신은 절대자이므로
거울에 비출 수 없다

거울이 등장하는 이야기 중에서 가장 의미심장한 것

은 안데르센의 《눈의 여왕》이다. 악마가 거울을 만들어서 하느님을 비추겠다며 하늘로 올라가다가, 거울은 산산조각 나서 흩어지고 악마는 추락하면서 이야기가 시작된다. 그리고 거울 조각이 카이의 눈에 박히면서 태초의 화합과 행복을 나타내던 카이와 게르다의 작은 정원은 붕괴된다(라푼젤 이야기에서도 정원은 순수함의 상징으로 등장한다).

대체 거울이 무엇이기에 악마들은 거울에 신을 비추어 보려 한 걸까? 거울에 신을 비추려는 시도는 왜 악한 일일까? 그 답은 성경에서 찾을 수 있다. 《출애굽기》 3장 14절에서, 모세는 광야의 가시덤불에서 타오르는 불꽃으로 드러난 하나님을 만난다. 이때 하나님이 모세에게 "나는 스스로 있는 자"라고 자신을 밝힌다. 나는 처음 이 구절을 읽었을 때 엄청난 충격을 받았다. 절대자가 자신의 이름을 '스스로 존재하는 자'라고 칭한 것은, 청자인 '너희 인간은 스스로 존재할 수 없는 자'라는 뜻이기 때문이다. 인간은 상대적인 존재라, 타인들에게 비추어 보고서야 자신이 누구인지 안다. 그 인식은 상대적일 수밖에 없다는 뜻이다.

그렇다면 믿음은 한계를 지닌 존재들이 절대자 앞에 섰을 때만 자신이 누구인지 깨닫는 행위가 아닐까? 절대적인 존재와 인식 앞에서만 상대적인 존재는 참된 자신을 비추어 볼 수 있기 때문이다. 그러니까 이런 절대자에게 거울을 들이대는 것은 신의 절대성을 근본적으로 폄훼하는 행위가 되는 셈이다. 과연 기독교 세계관에서는 악마나 저지를 법한 짓이다.

눈물은 힘이 세다

부서진 거울 조각이 카이의 눈에 박히면서, 카이는 무지했기에 완벽히 행복했던 원초적인 화합(어린 카이와 게르다의 화합)과 정원에서 벗어난다. 게르다가 카이를 찾아나선 길에 처음 머물렀던 가짜 정원에서 카이와 게르다의 화합을 상징하는 장미를 모두 지워버린 것은, 자기만의 생각이 생겨난 사람은 다시 어린 시절의 낙원으로 돌아갈 수 없음을 뜻한다.

게르다는 카이를 찾아 먼 길을 떠난다. 게르다는 공주와 결혼한 왕자가 카이와 똑같이 생겼다는 말을 듣고 찾아가지만, 카이가 아니었다. 이는 세상이 요구하는 조건(왕국을 가진 공주)을 찾는 사람이 진짜 배우자는 아니라는 뜻이다. 한편 산적들이 게르다를 공주로 착각하여 납치하고, 게르다는 산적의 딸과 함께 도망친다. 산적들의 공동체는 사회의 변방이며 결핍된 곳이다. 잃어버린 남성성 혹은 여성성을 찾아 사회의 변방까지 여정을 떠나더라도, 결국 사람들이 사는 사회로 다시 돌아가야 한다. 사회의 변방으로 나가면 산적 같은 거친 본성, 산적의 딸처럼 오해로 치우친 애정에 의존해야 하기 때문이다.

또한 황량하고 추운 툰드라 벌판에서 만난 라플란드의 여인과 핀란드 여인은 게르다 내면에 있는 오래된 지혜다. 대개 어린 여자아이는 깊은 숲속에 들어가 내면의 오래된 지혜인 늙은 여자를 만나지만, 이 이야기에서는 세상 끝 툰드라에서 지혜의 힘을 만난다.

이 이야기는 거울에서 시작해서 거울로 끝난다. 그렇기에 사방이 거울인 세계, 곧 눈의 여왕의 궁전으로 간다. 나를 비추는 거울이 수없이 많아서, 나의 반영도 수없이 많고 내가 산산조각으로 분열된 곳이기도 하다. 내움직임은 그 어떤 진리에도 이르지 못하고 산산이 부서진 이미지처럼 빛난다. 어떻게 보면, 미디어가 무수한 이미지로 반짝이며 부서지는 현대 사회의 모습 같기도 하다.

카이와 게르다는 내면의 남성성과 여성성을 상징한다. 이야기는 상대적인 진리가 최고라는 부추김에 의해 분열되고 중심을 잃고 세상의 끝까지 밀려온 모습을 보여준다. 카이가 결코 맞추지 못할 퍼즐을 앞에 두고 무감각하게 앉아 있는 모습을 보고, 게르다는 뜨거운 눈물을 흘린다. 거울은 얼음으로 되어 있어서, 카이의 눈에 박혀 심장까지 뿌리내렸던 거울 조각은 게르다의 눈물에 녹는다. 이성이 삶의 고갱이가 아님을 깨우친 카이는 정신을 차린다. 그리고 부서진 얼음 조각 퍼즐로는 '영원'을 맞출 수 없음을 깨닫고 게르다와 함께 돌아간다.

눈물도 물, 눈도 물, 얼음도 물이라면, 살리는 힘도, 죽이는 힘도 결국 한통속인 셈이다. 이 이야기는 완벽한 거울이 아니라 녹으면 허물어지는 거울로 시작된다. 그리고 불완전한 거울을 받아들여 물이 물과 하나로 합쳐지며 끝난다. 결국 인간은 물에서 시작해 물로 끝난다. 인간이 처음으로 자신을 비추었던 거울이 물이었던 사실을 생각하면 당연하기도 하다. 이야기의 교훈은 이것이다. 영원을 찾는답시고 필멸의 존재임을 부인하고 이성으로 대단한 궁전을 쌓은 줄 착각해도 소용없다. 흘러서 하나가 되어야 하는 물의 본성을 거슬러 얼음을 쌓아 궁전을 만든다고 한들 얼음은 근본이 물인지라 녹으면 사라진다.

눈의 여왕은 인간이 스스로 한계를 인정하지 못하고 세상 끝까지 몰아세우는 편벽된 이성의 한계를 의미한다. 아무리 거센 눈보라와 얼음을 수하로 부려도 온기 앞에서는 무력할 뿐이다. 삶의 의미는 내면의 통합을 이룬 자가 사람들 틈으로 돌아가 다시 장미를 피우는 데 있다. 그래서 이 이야기는 정원을 잃은 자들이 장미를 피우는 집에 돌아가는 것으로 마무리된다.

거울이 지닌 주술의 힘

《미녀와 야수》는 거울이 등장하는 또 다른 옛이야기다. 이 이야기에서 거울은 연금술사들이 매혹되었던 거울의 힘, 원하는 것을 보여주는 주술의 힘을 가졌다. 벨은 야수의 거울을 통해 아버지의 집을 살펴본다. 현실에서는 거울을 통해 환상을 보지만, 이야기에서는 환상 속에서 거울을 통해 현실을 본다. 이는 거울에 사람들을 현혹시키는 힘뿐만 아니라 현실과 환상을 전복시키는 힘도 있음을 보여준다.

거울의 힘은 페르세우스 신화에서도 드러난다. 페르세우스는 거울처럼 비치는 방패로 메두사의 머리를 보고 자르는데, 거울에는 현실의 힘을 무력화하는 힘이 있다는 뜻이기도 하다.

이는 오히려 현실을 비추는 이야기의 힘이라고도 할 수 있다. 이야기는 현실을 반영해 거울처럼 비추면서, 공유되고 강화되고 믿어지는 과정에서 그 힘을 발휘한다. 사람들이 글과 말에 현실을 비추어서 현실의 의미를 새

숲은 깊고 아름다운데

메두사를 죽이는 페르세우스를 묘사한 고대 그리스 조각

로 고침할 때 현실의 힘은 강화되거나 줄어든다. 마치 이름을 부르면 제압할 수 있는 귀신과 같아서, 이야기로 비추는 현실은 늘이거나 줄일 수 있다. 그렇기에 이야기는 현실을 비추는 거울이다.

거울의 힘을 잘 보여주는 이야기는 현대 그림책에서 찾아볼 수 있다. 앤서니 브라운의 《헨젤과 그레텔》은 거울이 비추는 현실과 환상을 그린다. 아빠와 계모와 함께 사는 집 안 여기저기에는 이상하게도 거울이 많다. 거울이 비싸기만 하던 시절인데, 먹고살기도 힘든 집에 전신을 비추는 큰 거울이 왜 이렇게 많을까 싶다. 그림책에는 가족들과 아이들의 모습을 거울에 비춰 보여주는 독특한 구도가 등장한다. 특히 계모가 잠든 헨젤과 그레텔을 내려다보는 장면도 거울에 비친 모습으로 제시된다. 이를 통해 이 가정의 문제점이 드러난다. 이때 계모의 그림자는 고깔모자를 쓴 마녀의 모습이고, 벽에 걸린 그림에는 뾰족지붕의 탑이 보인다. 이렇게 거울에 비친 이미지들은 무엇이 본질이고 허상인지 구별하라는 질문을 던진다.

앞에서도 숲이 무의식의 공간이라고 설명했는데, 이 책에서도 그렇다. 집 뒤에는 검은 나무들이 서 있어서 분위기가 어둡다. 앞문의 창살은 마치 감옥 같은 데다, 아이들과 아버지는 죄수복 같은 줄무늬 옷을 입고 있다. 현실의 집에 갇힌 헨젤의 모습은 감옥 같은 앞문에 드러나고, 숲속의 집에서도 갇힌 모습으로 그려진다. 이 숲이 바로 전복이 일어나는 공간이다.

숲은 깊고 아름다운데

마녀의 집에는 까만 새가 아니라 흰 새가 지붕에 앉아 있다. 이들은 노아의 방주에서 처음 날려 보낸 까마귀와 비둘기를 떠올리게 한다. 노아가 날려보낸 까마귀는 육지를 찾는 데 실패하지만, 비둘기는 찾아내지 않는가.

또한 아이들이 갇혀 있을 때 나타나는 하얀 고양이는 영적인 여정의 안내자이자 자유에 대한 갈망을 나타내는 동물이다. 게다가 그레텔이 마녀를 죽이는 장면에서는 검은 고양이가 언뜻 등장한다. 현실을 비추는 환상 속의 집에서 마녀와 같았던 계모는 드디어 그 본모습을 드러내 마녀로 등장한다. 이 마녀를 죽이고 갇힌 헨젤을 구하고 돌아오자, 집은 달라져 있다. 집 뒤의 검은 나무는 사라지고 푸르고 맑은 하늘이 보인다.

이렇듯 거울로 현실을 비추어 보는 행위에는 현실을 전복시키는 힘이 있다. 앤서니 브라운은 숲 밖과 숲속을 둘로 나누고, 두 세계가 서로 비추며 조응하는 것으로 그려냈다. 환상과 현실이 거울처럼 비추고 있다는 의미다.

게다가 숲속으로 들어갈 때는 헨젤이 그레텔을 이끌지만, 숲속에서 문제를 해결하고 밖으로 이끄는 것은 그레텔이다. 즉, 여성성이 구원의 힘이라고 말하는 것이다. 더구나 강을 건널 때 그레텔이 먼저 오리를 타는 장면은 《심장 없는 거인》에서 나왔던 오리의 의미를 되새기게 한다.

한편 동양의 이야기에서는 청동 거울이 자주 등장한다. 고대에 청동 거울은 방울과 함께 샤먼의 주술 도구였다. 그 시절에는 거울이 가지고 있는 주술적인 힘, 현실을 비추어 환상의 이미지를 보여주는 힘, 그렇게 현실을 바꾸는 힘을 실제로 믿었던 것 같다. 하지만 청동 거울에 깃든 힘은 다른 힘을 바탕으로 한다. 청동 거울은 유리 거울과 달리 매일 정성스레 닦아야 이미지를 비출 수 있다. 이렇게 매일같이 닦으며 쌓아가는 기원의 힘이 주술을 가능하게 한다. 그러므로 꿈을 현실로 불러와 현실을 바꾸고 싶은 자, 자신의 참모습을 비추어 보고 싶은 자는 청동 거울을 닦듯 매일매일 마음을 닦아야 한다.

숲은 깊고 아름다운데

8장

이제는 인간으로 변신할 시간

변신 이야기는
인간다움을 찾는 이야기다

인간이 동물이 되고 동물이 인간이 되는 이야기는 세상 어디에나 있다. 이는 동물과 인간을 넘나드는 인식이 인류에게 보편적이라는 뜻이다. 원시 시대의 인간은 인간과 동물을 완전히 다른 존재라고 인식하지 않았다. 신령한 동물과 식물을 신으로 모시던 시절에는 동물을 인간과 같은 스펙트럼에 있다고 여겼는지도 모르겠다. 빠르고 힘센 커다란 육식동물에게 언제든지 잡아먹힐 수 있던 시절에는, 인간이 만물의 영장이고 동물과 식물을 포함한 자연계가 정복의 대상이라는 개념이 없었다.

문명이 자리 잡은 후에는, 인간이 동물적인 본성을 드러내 메시지를 전달하려 할 때나 변신 이야기가 등장했다. 그러나 인간이 동물과 분명히 구분되지 않던 시절에 인간이 동물이 되는 이야기는 인간의 내면에 있는 동물적인 본성을 나타냈다. 또한 애벌레가 나비가 되고 올챙이가 개구리가 되는 생애주기를 거치듯, 자연 혹은 신의 섭리에 따른 인간의 생애주기를 상징하기도 했다. 이것이 신화와 옛이야기의 변신 이야기다. 그리스·로마 신화의 원조격인 오비디우스의 책 제목이 '변신'인 이유도 여기에 있다. 이야기에서는 신성(神性)과 인성(人性)과 수성(獸性)이 서로 넘나든다. 결국 거죽을 입거나 벗으며 넘나드는 상징을 통해, 인간 안에 신성과 동물적인 본성이 어우러져 있음을 보여준다. 그래서 결국 모든 변신 이야기는 인간다움이 무엇인지 찾는 이야기이기도 하다.

> "결국 모든 변신 이야기는 인간다움이 무엇인지 찾는 이야기이기도 하다."

켈틱 매듭은 시작도, 끝도 없이 순환하는 삶의 주기를 나타낸다. 그중에서도 다라(dara)는 켈트어로 떡갈나무를 의미한다. 거대한 떡갈나무의 깊은 뿌리를 통해 생명체가 지상의 모든 것 및 죽은 조상과 연결되어 있다는 말이다. 신성과 인성과 수성이 하나로 연결되어 있다는 의식은 어쩌면 다라 매듭에서 드러나는 연결성이 아닐까 싶다.

인간과 동물을 넘나드는 이야기의 원형은 제우스가 소, 백조 등으로 변해 지상의 여성과 관계 맺는 모습에서 찾아볼 수 있다. 이는 인간과 동물의 경계를 넘나드는 힘에 신성이 깃들어 있다는 의미다. 단군 신화에서도 곰과 호랑이 같은 동물과 하늘에서 내려온 신이 어우러진

켈틱 매듭 다라(dara)

다. 그렇기에 부족 간의 통합과 결렬로 해석되기도 한다. 흥미로운 점은, 지배 민족에 흡수된 곰은 신성을 잃고 옛이야기에 등장하지 않지만, 호랑이는 종속되길 거부하고 산으로 달아나면서 옛이야기에 살아남았다는 점이다. 우리나라에는 호랑이와 관련된 옛이야기가 정말 많고, 산을 다스리는 산신 혹은 호랑이는 강력한 존재로 남았다. 이렇게 길들지 않고 멀리 있는 힘은 이야기에 살아남아 신이 되기 마련이다.

한국 옛이야기에서 호랑이는 여러 가지 힘을 발휘한다. 그중에서 《하얀 눈썹 호랑이》는 문명을 이루고 살아가는 인간 사회에서 인간다움은 무엇인지, 동물들과 대별되는 속성에 대해 묻는다. 이 이야기는 호랑이 눈썹을 대고 사람을 보면 그 사람이 진짜 사람인지, 사람을 흉내내고 있는 동물인지 가늠할 수 있다는 신비로운 내용이다. 결국 인간이 인간답다는 것이 무엇인지 곰곰이 생각하게 만든다는 점에서 매우 귀중한 이야기라 할 수 있다.

소년은 소녀를 보고 각성한다

가장 강력한 변신 이야기 중 하나가 그림 형제의 《스노 화이트와 로즈 레드(Snow White and Rose Red)》다. 주인공인 스노 화이트와 로즈 레드는 자매인데, 마치 한 사람 내면의 다른 두 속성을 나타내듯, 스노 화이트는 분별력 있고 로즈 레드는 대담하다. 이는 제인 오스틴의 소설 《이성과 감성》에도 영향을 미쳤다. 원제의 'sense'는 이성보다는 분별력과 사리에 맞는 생각과 행위를 뜻하며, 장녀인 엘리너는 이성의 속성을, 차녀인 메리앤은 감성의 속성을 잘 구현하고 있다.

《스노 화이트와 로즈 레드》에서 매우 흥미로운 점은 주인공 자매가 숲속에 살고 있는 것으로 시작한다는 것이다. 대개의 이야기는 주인공이 숲으로 들어가면서 시작되지만, 이 이야기에서는 이미 숲속에 있다. 숲속에 사는 두 소녀는 세상에 나와 풍파를 겪기 전 이상형에 사는 자아의 모습을 나타낸다. 어쩌면 타락하기 전의 에덴동산, 엄마 배 속에서 행복한 아이의 모습이기도 하다.

수호천사와 같은 어머니의 보살핌을 받으며 숲에 사는 두 소녀는 원시 모성의 비호를 받는 행복한 어린 소녀들이다. 그러던 어느 겨울, 곰이 오두막에 찾아오면서 변화가 시작된다. 어머니는 곰의 본성을 한눈에 알아보고 오두막에 들인다. 그리고 겨우내 밤마다 난롯가에서 재워주며 곰과 친해진다. 봄이 오자, 곰은 숲에 숨겨둔 보물을 지켜야 한다며 떠난다. 이별의 순간 문밖으로 나서던 곰의 털이 문에 걸리는데, 소녀들은 그 거죽 아래로 빛나는 금빛을 얼핏 본다.

이후 두 소녀는 숲속에서 난쟁이와 마주친다. 난쟁이의 수염이 나무 틈에 끼여 꼼짝달싹 못 하는 걸 보고 수염을 잘라 구해주고, 다음에 또 만났을 때는 큰 물고기에게 수염을 물려 끌려갈 뻔하자 구해주고, 또 다음에는 독수리가 채 가는 걸 잡아당겨서 구해준다. 매번 난쟁이는 그 자리에서 찾은 금과 은과 보석을 어깨에 메고 감사의 말도 없이 떠난다.

여기서 곰과 난쟁이 사이에 동일시가 일어난다. 털(수염)이 걸리고 그 아래에 금은보화가 있다는 점에서 둘은

숲은 깊고 아름다운데

동일하다. 즉, 털을 쓴 거죽 아래 진짜 모습이 숨어 있는 것이다. 숲에서는 원시적인 자아가, 아직 본성을 찾지 못한 인간이 동물 거죽(수성)을 뒤집어쓰고 헤맨다. 숲은 그런 곳이다. 역설적으로, 원시 자아를 만나려면 곰 가죽을 뒤집어써야만 한다. 동물의 본성을 이해하는 마음이 없으면 내면의 가장 원시적인 자아도 만날 수 없다는 뜻이다.

빨강과 하양, 열정과 분별의 두 속성을 지닌 원시 자아는 곰 가죽을 뒤집어쓴 남자를 통해 그 아래에 숨은 금을 보는 법을 배운다. 그러니까 거죽이 없으면 본질도 인지하지 못한다는 말이다. 이는 은유를 통해서만 진실에 접근할 수 있는 인지의 비밀이기도 하다. 거죽을 쓰고 찾아오는 대상만 인지할 수 있고, 거죽 아래에 진실이 있다. 이름을 알아야 귀신을 부릴 수 있는 것도 같은 이치다. 이름이라는 거죽에 담기지 않은 힘은 통제할 수 없고, 이름이 없으면 본질도 찾을 수 없다. 카를 융이 말하길, 동화 속의 난쟁이나 늙은 할아버지는 이미지를 설계하고 만들어내고 배열하는 적극적인 힘이다. 이는 난쟁이가 동인(動人), 즉 변화를 일으키는 힘이라는 뜻이다. 소녀는 위기에 처하거나 모험의 공간인 숲에 들어가서 할머니를 만나지만, 소년은 거인, 야인, 할아버지 혹은 난쟁이를 만난다. 할머니는 내면에 있는 선하지도 않고 악하지도 않은, 오래된 지혜의 힘이다. 하지만 할아버지와 난쟁이 혹은 야인은 변화의 동인이다.

그렇기에 《스노 화이트와 로즈 레드》는 소녀보다는 소년의 성장담에 가깝다. 곰 모습을 한 왕자는 숲속에서 원시 모성의 보호를 받는 여성성과 조우하기 전에는 금은보화가 있는 곳을 아는 난쟁이와 만날 수 없다. 여자가 남자의 구원이라는 말은 틀린 말이다. 인간은 다른 인간에게 구원이 될 수 없기 때문이다. 그러나 여성성이 구원이라는 말은 참으로 옳다. 곰에 불과한, 아직 동물의 세계에 사는 어린 소년이 털 아래 숨은 황금빛을 찾으려면, 내면에 있는 여성성의 힘을 빌려야만 한다. 여성성이 내면에서 변화의 동인을 찾아내고, 그 뒤틀린 자기중심성을 구원해야 비로소 파묻혔던 금은보화가 모습을 드러낸다. 그러니까 못된 난쟁이는 곰의 세계, 동물의 세계에

숲은 깊고 아름다운데

사는 소년의 내면에 있는 치기 어린 자기중심성이다. 역설적으로 가장 못된 속성은 파내고 뒤집었을 때 귀한 금은보화가 될 수도 있다. 그래서 난쟁이는 금은보화를 파내서 지고 다니는 것이다. 죄가 있는 곳에 구원이 있듯이, 못나고 추한 곳에 가장 아름다운 속성이 깃들기 마련이다. 이는 금도끼와 은도끼를 누리려면 자신이 동도끼의 주인임을 고백해야 하는 것과 마찬가지다.

이 이야기에서 난쟁이는 설계자인데, 남자는 난쟁이를 겪어야만 성장할 수 있기 때문이다. 그러나 곰 가죽을 쓰고 있는 한, 남자는 난쟁이를 만나지 못한다. 내면의 여성적인 힘만이 난쟁이와 조우하기 때문이다.

난쟁이가 등장하는 또 다른 옛날이야기 〈톰티트토트(Tom Tit Tot)〉 혹은 〈룸펠슈틸츠헨(Rumpelstilzchen)〉에서도 난쟁이는 남성 내면의 결핍을 뜻한다. 그리고 톰티트토트가 이름에 집착하는 이유도 이름이라는 거죽이 있어야 본질에 닿을 수 있기 때문이다. 톰티트토트는 왕과 결혼한 여자가 만나는 왕의 다른 모습, 여자를 만난 남자가 보여주는 내면의 결핍이다.

이 이야기에서 가장 흥미로운 지점은 이름을 들키면 톰티트토트가 도망가거나, 다리를 들어 올려 스스로 몸을 찢어 땅 밑으로 꺼져버리는 것이다. 한국에서도 남성의 성기를 '가운뎃다리'라고 속되게 부르듯, 영어에서도 다리에는 '성교'의 의미가 있다. 한편 여자가 톰티트토트의 이름을 부르는 데는 조롱의 의미가 있다. 남자가 가장 듣기 두려워하는 조롱은 거시기가 작다는 것이다. 이런 열등감을 들키는 것이 가장 두려울 것이고, 이는 스스

난쟁이를 놀리듯 손가락질하는 여성

숲은 깊고 아름다운데

로 다리를 들어 몸을 찢어서 땅속으로(지옥으로) 꺼지고 싶을 만큼 공포와 분노를 일으킬 수 있다. 하지만 이러한 결핍과 콤플렉스를 극복했을 때 왕은 비로소 진정한 아내를 받아들일 수 있다.

그래서 《스노 화이트 로즈 레드》에서 난쟁이는 곰의 가죽을 뒤집어쓴 왕자인 것이다. 난쟁이가 금은보화를 늘어놓는 모습을 자매가 보는 순간, 드디어 곰이 나타나 난쟁이를 죽이고 왕자의 모습을 되찾는다. 이는 수성을 버리고 귀한 본성을 지닌 왕자의 모습을 찾으려면 내면의 뒤틀림을 극복하고 금은보화의 참된 주인이 되어야 한다는 비유다.

이 이야기에는 또 다른 매력적인 의미가 숨어 있다. 소년이 소녀를 만나 성장하는 이야기는, 남녀가 서로 바라는 모습을 비추어 보며 각성한다는 뜻이기도 하다. 소녀들은 곰 아가씨인 동시에 곰을(곰이 왕자가 되어야 함을) 비추는 존재다. 소년은 내면 깊은 곳의 소녀를 만나기 전에는 난쟁이도, 금은보화도 찾을 수 없다.

지나간 과오는 흘려보내고,
다가올 과오는 못 본 척한다

친숙한 변신 이야기로는 신랑 찾기 모티프도 있다. 한국의 변신 및 신랑 찾기 이야기 중에《구렁이 신랑》을 살펴보자.

구렁이가 남근을 상징한다는 사실은 누구나 알 것이다. 게다가 파충류를 보며 느끼는 본능적인 경계심이나 공포는 처음 남자의 알몸을 본 소녀의 충격과 크게 다르지 않다.《개구리 왕자》에서 공주의 아버지는 공주에게 개구리와 동침할 것을 강요한다. 이는 대부분의 아버지가 딸을 잘 알지도 못하는 남자의 신부로 삼아 그 침대에 밀어 넣는다는 뜻이다. 개구리를 벽에 던져야 마법이 풀려 왕자로 변한다는 것은, 징그럽고 소름 끼치는 남자의 알몸과 대면해서 두려움의 벽을 허물어야 신랑감을 만날 수 있다는 말이다. 벽에 내동댕이치는 행위만큼 분명히 자각하는 길은 없지 않을까?

공주가 개구리를 집어 던지는 장면은 남자와 마주하고

　　　　　　　　숲은 깊고 아름다운데

여자가 되어 남자를 받아들이는 각성의 순간이라 할 수 있다. 《구렁이 신랑》에서 신랑이 구렁이인 것도, 구렁이를 보고 까무러치지 않는 막내딸이 구렁이 신랑과 결혼하는 것도 그 때문이다.

그러나 결혼은 어디까지나 제도일 뿐, 남자와 여자의 진정한 화합을 보장하지는 않는다. 진정한 화합에는 늘 시험이 따른다. 가장 어려운 시험 중 하나는 기다림이다. 진실된 사랑은 모두 시간의 시험을 거친다. 《구렁이 신랑》에서 눈에 띄는 시험은 빨래다. 빨래 시험은 《태양의 동쪽 달의 서쪽》과 《노르웨이의 검은 황소》에도 나오는데, 주로 피가 묻거나 검은 얼룩이 묻은 빨래를 하얗게 빨아야 한다. 피 묻은 옷을 하얗게 빠는 것은 속죄를 의미한다. 검은 빨래를 하얗게 빠는 것은 과오를 물에 흘려보내 잊겠다는 뜻이기도 하다.

유독 한국의 옛날이야기에서는 빨래의 난도가 높다. 그래서 검은 빨래는 희게, 흰 빨래는 검게 빨아야 하는 시험이 주어진다. 흰 빨래를 검게 만드는 시험은 바리데기 이야기에도 등장하는데, 이는 앞으로 저지를 수도 있는 과오와 잘못을 흘려넘기겠다는 약속의 행위다. 이렇게 한국의 옛날이야기에서는 빨래의 구속력이 강하다. 시간의 시험을 거친 두 남녀는 피와 검댕이 묻은 빨래를 하얗게 빨듯 과거는 용서하고 속죄하며, 흰 빨래를 검게 물들이듯 앞으로 저지를 수 있는 잘못은 보지 않는다. 두 남녀가 화합을 이루기란 이렇게나 어렵다.

장인과 사위는 한통속이다

변신 이야기라고 하면 《미녀와 야수》를 빼놓을 수 없다. 프랑스의 소설가 가브리엘 쉬잔 바르보 드 빌뇌브가 1740년에 처음 출판했는데, 너무 길어서 나중에는 축약된 버전이 나왔다. 영어본은 앤드루 랭이 《블루 페어리 북(Blue Fairy Book)》에 새로 써넣어 1889년에 출간했다.

영어권에서는 드라마든 영화든 이야기든, 모두 제목이 'Beauty and the Beast'다. 왜 Beauty에는 관사가 없고, Beast에만 관사가 붙을까? 한국어 번역 제목이 〈미녀와 야수〉여서 헷갈리기 쉬운데, Beauty는 여자의 이름, 즉

19세기 말 그림책 그림 작가의 3대 거장 중 하나로 일컬어지는 월터 크레인이
1901년에 그린 그림으로, 야수가 멧돼지로 묘사되었다.

고유명사라서 그렇다. 프랑스어 원전에서 여자의 이름은 Belle, 영어로는 Beauty다. 직역하자면 '이쁜이와 그 야수' 쯤이 된다.

이 이야기는 그리스·로마 신화의 프시케와 에로스를 원전으로 한다. 특이하게도 이탈리아의 옛이야기 《돼지 왕》 또한 영향을 끼친 원전으로 꼽는다. 이 이야기가 중요한 이유는 야수의 모습이 원래 멧돼지였기 때문이다. 사자는 유럽의 숲에서는 살지 않는 동물이므로, 멧돼지 모습을 한 야수가 유럽인에게는 더 친숙하지 않았을까 싶다.

멧돼지로 그려지던 야수가 사자로 바뀐 것은 미국의 드라마 덕분이었다. 1987~1990년에 CBS에서 방영된 드라마에서 야수는 비로소 사자형 괴물이 되었다. 이후 사자형 야수는 디즈니 애니메이션을 거치며 그 이미지가 굳어져서, 이제 사람들은 〈미녀와 야수〉라면 사자를 떠올린다. 사실 어떤 괴물이 등장하는가가 중요한데, 이야기가 만들어지던 시기에 사람들이 가장 무서워하던 존재가 무엇인지 알 수 있어서다. 한편 사람의 공포와 두려움 혹

숲은 깊고 아름다운데

은 증오만큼 사람에 대해 많은 것을 알려주는 것도 없다. 유럽에서 가장 흔한 공포와 악의 존재는 늑대여서, 수많은 서구의 옛날이야기에서 늑대는 나쁜 존재다.

야수는 벨의 아버지와 깊은 관계가 있다. 아버지는 길을 잃고 헤매다가 야수와 마주친다. 야수가 아버지의 숲, 아버지의 내면에 있던 존재인 셈이다. 아버지는 야수에게 벨(미녀)을 건네주는데, 서양식 결혼식에서 아버지가 딸을 사위에게 건네주는 의식이 괜히 있는 게 아니다. 아버지의 숲에 있는 존재는 아버지를 투영한 존재로, 아버지가 허용한 대상이기도 하다.

숲 밖의 아버지는 인자하게 그려지지만, 벨과는 달리 세속적이고 물욕에 찌든 딸들도 키워냈다. 즉, 그가 키운 속성에는 벨과 같은 선함과 다정함도 있지만 세속적이고 탐욕스러운 속성도 있다는 뜻이다. 아버지가 야수의 궁전에 갔을 때 야수는 장미꽃만은 손대지 못하게 한다. 이때 아버지와 그의 두려움이 투사된 야수가 한통속임이 분명해진다. 장미꽃은 꽃 중의 꽃이며, 본질이자 정수다. 그렇기에 예수를 샤론의 꽃, 샤론의 장미라고 부르고, 단테의 《신곡》에서 단테가 천국에 도달했을 때 장미방에서 베아트리체를 만나는 것이다.

그러니까 물질과 야욕과 거친 바다와 같은 세상의 풍파를 겪은 아버지에게, 내면에 남은 마지막 소프트 스폿(soft spot)은 딸인 벨이다. 그리고 거칠고 흉하고 야생의 숲에 고립된 괴물에게 마지막 남은 희망이자 (유리 상자를 덮어 지켜야 하는) 여린 구석이 장미다. 절망적인 상태로 거친 숲속을 헤매는 남자에게 남은 것은 이것뿐이다. 역설적으로, 오래 잊고 방치했던 이 본질은 남자에게는 구원의 열쇠이기도 하다. 앞에서 《스노 화이트 로즈 레드》에서 난쟁이가 황금이 있는 곳을 알듯, 결핍된 존재인 야수는 장미가 있는 방을 숨겨둔다.

숲의 밖과 안이 서로를 비추는 거울이라면, 숲 밖에 있는 아버지의 내면은 숲속의 야수가 비춘다. 야수의 성에서 벨이 거울을 통해 아버지를 보는 것도 그래서다. 숲 밖의 아버지와 숲속의 야수는 이렇게 조응하는 존재다.

숲은 깊고 아름다운데

죽음을 마주해야 변화할 수 있다

〈미녀와 야수〉는 상징이 켜켜이 쌓인 텍스트라, 이를 읽는 방식은 한 가지가 아니다. 그중에서도 바니타스(vanitas) 회화를 화면에 옮긴 작품이라고 보는 관점이 있다. 바니타스화는 16~17세기 네덜란드와 플랑드르 지역에서 발달한 정물화의 일종으로, 삶의 덧없음, 헛됨, 가치 없음을 상징하는 사물을 그린다.

바니타스화에는 주로 사용되는 사물이 있고, 그것이 상징하는 바가 정해져 있다. 그런데 이 사물이 〈미녀와 야수〉에 그대로 사용된다. 바니타스화에 주로 등장하는 사물은 시계, 촛불, 거울, 이가 빠진 도자기, 책, 악기, 연기, 먼지, 거품, 지구의, 체스판, 지도, 유리, 호화로운 직물이나 옷, 해골 등이다. 디즈니의 애니메이션과 실사 영화에는 이 요소들이 빠짐없이 등장하니, 하나하나 찾아보는 것도 재미있을 것이다. 바니타스화에서 시계(혹은 모래시계)는 시간의 유한함을 알려주는 장치이고, 연기가 피어오르는 초는 인간의 유한성을 나타낸다. 호화로운 옷과 보석, 잘 익은 과일과 인간 지성의 집약체인 책도, 결국 죽으면 아무런 소용이 없다는 메시지를 담고 있다.

그렇다면 〈미녀와 야수〉는 메멘토 모리(Memento mori, 죽음을 기억하라)를 그리는 이야기일까? 그보다는 사랑과 죽음이 맞물린 것이 아닐까 싶다. 원래 죽음과 나란히 두어야 사랑은 더욱 강렬해진다. 에로스(사랑)와 타나토스(죽음)는 인간사와 인간이 지어내는 이야기에서 가장 강력하고 오래된 주제다. 그리고 죽음 앞에서 사랑은 더욱 강력해진다. 그래서 바니타스에 사랑을 끼워 넣으면 그 사랑의 강도와 순도는 비할 수 없이 강해진다.

인간의 무의식은 사랑과 죽음이라는 단어에 기민하게 반응한다. 어느 정도냐면, 죽음이라는 단어를 거꾸로 말해도 알아듣고, 죽음을 암시하는 이미지를 거꾸로 넣어도 알아챌 정도다. 이제는 광고에 죽음의 이미지를 삽입하는 것이 금지되었지만, 그런 이미지를 넣으면 반응도가 아주 높아진다. 그래서 위스키 광고에 나오는 얼음에 거꾸로 된 해골 이미지를 교묘하게 삽입하는 식으로 죽음의 이미지를 끼워 넣은 사례가 있었다.

이렇게 인간의 유한성을 보여주는 죽음의 이미지가 겹겹이 둘린 그 한가운데에 사랑을 배치하면, 죽음 앞에서 기민해진 우리의 정신은 사랑에 주목한다. 꽃잎을 하나씩 떨구며 죽어가던 장미가 다시 살아나는 것은 일그러진 아버지 상을 투영한 남성 내면의 변화를 뜻한다. 그러나 좀 더 확장하면 죽음 가운데에서도 소생하는 사랑의 힘을 보여준다.

〈미녀와 야수〉는 오스카 와일드의 《이기적인 거인》이라는 동화와 맞물린다. 거인의 성과 정원이 거인의 내면 풍경을 비추듯, 야수의 성과 정원이 야수의 내면 풍경을 그대로 보여준다. 벨이 매혹적인 서재가 있는 야수의 성을 탐색하는 여정은 한 사람의 내면을 알아가는 과정이기도 하다.

결국 야수의 변화는 단순히 겉모습의 변신에만 국한되지 않는다. 내면의 본성이 동물의 모습으로 구현되는 다른 동화보다 더 복잡한데, 야수의 성과 정원까지 모두 뒤틀어진 내면의 풍경을 보여주기 때문이다. 또한 벨이 야수에게 구원이긴 해도, 야수가 죽음을 각오하지 않는 한 변화란 불가능하다. 결국 벨은 변화를 견인해주는 데 그친다. 죽을 수밖에 없는 바니타스의 운명을 받아들일 때 사람은 변한다. 야수의 변신도 그런 의미다.

9장

우리는 무엇을 두려워하는가?

두려움이 그 사람을 정의한다

두려움이 그 사람을 정의한다고 하면, 너무 멀리 가는 걸까? '정의한다'는 뜻의 'define'이라는 동사는 '한정 짓다'라는 뜻도 있으니, 두려움으로 한계를 긋는다고도 볼 수 있다. 자신의 한계 혹은 경계가 어디까지인지 살펴보면 결국 자신이 누구인지 알 수 있다. 한편으로는 내 모습이 아니라고 경계선 밖으로 던져둔 것이 나의 경계를 다져주는 셈이다. 이는 두려움만이 아니라 증오 혹은 미움에도 해당된다. 싫어하는 것만큼 그 사람에 대해 잘 알려주는 지표도 없기 때문이다.

서구의 옛날이야기를 살펴보면, 늑대에 대한 공포가

어마어마하다. 유럽에는 사자와 호랑이가 없었고, 늑대가 최강의 육식 포식자였다. 〈더 그레이〉(2011) 같은 영화에서 떼를 지어 지능적으로 사냥하는 늑대 무리는 공포의 대상으로 그려진다. 총도 없고 문명이 없던 시절에 늑대가 어떤 의미였을지 상상해보면 늑대에 대한 유럽인들의 공포를 이해할 수 있다.

늑대가 얼마나 무서웠는지, 한때 유럽인들은 늑대를 전부 잡아 죽이기도 했다. 20세기 초에는 유럽에서 거의 멸종되어 찾아볼 수 없을 정도였다. 동유럽 루마니아의 깊은 산속에 몇 마리가 살아남았을 뿐이었다. 1990년 베를린 장벽이 무너지자 늑대도 드디어 국경을 넘어 퍼지기 시작했고, 2007년에 독일에서, 2015년에는 네덜란드에서 목격되었다. 150년 만에 늑대가 귀환한 것이다. 가축을 보호하기 위해서라고는 하지만, 이렇게까지 철저히 늑대를 없앤 걸 보면 늑대를 얼마나 두려워하고 싫어했는지 알 수 있다.

숲은 깊고 아름다운데

늘대를 무서운 존재로 부각시킨 이유

《늑대와 여우》는 그림 형제의 이야기로, 힘세고 탐욕
스러운 늑대가 여우를 하인으로 삼아 먹이를 구해 오게
하는 내용이다. 죽지 않으려고 여우는 먹이를 잡아다 늑
대에게 바치지만, 늑대는 먹어도 먹어도 배가 고프다. 결
국 여우는 고기로 가득 찬 농부의 지하 저장소로 늑대를
꾀어 데려가고, 늑대는 정신없이 고기를 먹다가 농부에
게 들켜 죽임을 당한다. 그리고 여우는 미리 파놓은 구멍
을 통해 달아난다.

유럽에서 늑대가 오랫동안 공포와 증오의 대상이 된
이유를 연구한 커크 로빈슨에 따르면, 수렵 채집 사회에
서 농경 사회로 전환하면서 늑대에 대한 공포와 증오가
시작되었다고 말한다. 근대까지 수렵 채집 사회로 남아
있었던 북미의 원주민은 늑대에게 친화적이고, 심지어
자신들이 늑대의 후손이라고까지 여겼다. 하지만 인간이
농경을 시작하고 늑대를 길들여 반려동물로 삼은 지역에
서는, 늑대는 공포와 혐오의 대상이 된다.

문명화가 시작되면서 길들지 않은 늑대는 인간을 인간다움으로 정의하는 경계 밖에 머물렀다. 그렇게 인간은 문명화되지 않고 길들지 않은 야생, 거부한 내면의 야생을 마을 밖 숲속에 늑대와 함께 버려두었다. 그 결과 늑대에 대한 공포는 인간다움을 정의하게 되었다. 따라서 《늑대와 여우》의 늑대가 문명화된 인간 마을의 고기 저장고에서 배고픔이라는 본능을 주체하지 못해 죽임을 당하는 모습은 왜 늑대들이 멸종에 이르기까지 척살당해야 했는지 보여준다.

《늑대와 일곱 마리 아기 염소》라는 서구의 옛이야기에 나오는 배고픈 늑대는 엄마로 위장해 집에 숨은 일곱 마리 염소를 잡아먹으려다 실패한다. 이는 한국의 《해님 달님》에서 호랑이가 엄마로 분장하는 이야기와 일맥상통한다. 한국에서는 가장 무서운 동물이 호랑이였기 때문에 늑대 대신 호랑이가 등장했을 뿐이다.

이 이야기에서는 늑대가 엄마 흉내를 내면서 엄마와 늑대를 넘나드는 정체성의 혼동이 중요하다. 이빨과 발톱과 꼬리로 늑대라는 사실을 들키기는 하지만, 인간과 동물

숲은 깊고 아름다운데

이 서로 넘나들며 혼동될 만큼 그 경계가 가까웠다는 점에 주목할 필요가 있는 것이다. 경계가 확실하지 않을 경우, 영어로는 둘 사이에 가는 선(thin line)이 있다고 말한다. 인간성과 동물성의 경계는 어디일까? 내면의 동물성, 마을 밖 숲속에서 울부짖고 있다고 여기는 동물성은 사실 그리 멀리 있지 않다. 그 동물성에 대한 거부가 강력한 공포와 증오의 원천이며, 늑대를 나쁘고 무서운 존재로 부각시킨 이유다. 하지만 머리를 써서 늑대 배 속에 든 아기 염소를 구출하는 장면에서 인간의 지능이 동물성을 이긴다.

이렇듯 두려움은 사람을 정의한다. 인간과 동물 사이에 경계를 그어도 그 선이 아주 가늘다면, 우리는 인간다움을 어떻게 지킬 것인가? 내면의 동물성을 완강하게 부인하고 경계 밖으로 내던진다고 해서 인간다움을 지키지는 못한다. 배척과 백안시는 공포로 되돌아와 우리를 후려친다. 그런 만큼 내면에 동물성이 있음을 받아들일 때 오히려 인간다움에 대한 통찰을 얻을 수 있다. 더 나아가서는 인간이 비인간 종에게 행해온 착취를 조금이라도 되돌릴 수 있는 길이 열린다.

10장

뜨개질하는 여자를 두려워하라

실을 잣고
이야기를 짓는 여성

뜨개질하는 여성이 이야기에 등장하면 긴장해야 한다. 그 여성이 바로 이야기를 짜는 사람이기 때문이다. 때로는 음모를 계획하거나, 모든 일의 배후에 있는 사람일 수도 있다. 예를 들어《폭풍의 언덕》에서 화자인 록우드가 직접 보고 겪은 부분은 늙은 히스클리프의 집에서 묵은 경험과 캐서린 주니어와 힌들리 주니어가 등장하는 장면 정도다. 히스클리프와 캐서린의 사랑 이야기는 대부분 넬리가 뜨개질하며 들려준 이야기를 록우드의 입으로 전한 것이다. 다시 말해《폭풍의 언덕》은 히스클리프와 함께 자란 또래의 하녀 넬리가 재구성한 이야기를 록우드가 듣고 옮긴 이야기로, 두 사람의 입을 거친다. 물론 입에서 입으로 전해질 때 이야기는 변형될 수 있다.

주워 온 고아인데 주인 나리가 된 히스클리프와 두 남자에게 사랑받고도 만족하지 못한 캐서린을 과연 넬리는 어떤 시선으로 보았을까? 개인적인 감정은 하나도 개입하지 않고 객관적으로 진술할 수 있을까? 이야기를 지어내는 힘을 지닌 뜨개질하는 넬리는 캐서린과 히스클리프의 사랑 이야기에 자신의 감정과 의견을 얼마만큼 끼워 넣고 채색했을까?

뜨개질하는 여성의 원형은 '모이라'라는 그리스 신화 속 운명의 여신들로, 한 명은 인간의 생명을 나타내는 실을 잣고, 한 명은 감고, 또 한 명은 끊는다. 이 신화에서 알 수 있는 것은, 고대부터 인간의 삶은 실처럼 자아내고 엮는 것으로 여겼으며 이야기를 자아내고 짓는 행위와 늘 동일시했다는 점이다. 즉, 실을 잣고 옷감을 짜고 뜨개질하는 곳에는 늘 이야기가 있었다.

그리스·로마 신화의 아라크네와 아테나의 베 짜기 시

합에서도 옷감 짜기에 어떤 힘이 있는지 드러난다. 아라크네의 옷감 짜기가 여신의 수준을 넘지는 못했지만, 신의 경지를 넘볼 만큼 기량이 출중했던 것은 분명하다. 아라크네가 자신의 재주를 자랑한 나머지 인간의 오만, 즉 휴브리스(hubris)로 인해 파국을 맞는 것을 보면 전형적인 그리스식 이야기다.

그런데 왜 신은 인간과 시합을 벌이면서까지 인간의 옷감 짜기를 불편해했을까? 옷감 짜기가 이야기를 만들어내는 능력과 같기 때문이 아닐까 싶다. 옷감만 짜는 게 아니라 이야기를 지어 소문을 내고 영향력을 발휘하기 시작하면, 인간 세상의 권력자들조차도 이야기 짓는 자를 가만히 두지 않았다.

이 신화에서 주목할 만한 점은 이야기의 힘이 사라지지 않았다는 점이다. 아라크네는 거미가 되었지만, 그래도 끊임없이 실을 잣고 이야기를 만들었다. 그래서 오히려 신화의 주인공이 되어 신성시되며 살아남았다. 한편 인간은 이야기를 짓는 능력 덕분에 신과 가까워진다. 이는 인간이 지닌 신성의 일부이며, 잘못 사용하면 신을 분노하게 만드는 능력이기도 하다.

실잣기는 여성의 참된 가치, 고귀한 본성 찾기다

한편《실 잣는 세 여인(The Three Spinners)》이라는 그림 형제 이야기를 보면, 실을 잣는 일은 여성의 몫이고 이를 잘하면 최고의 신랑감에게 시집간다는 교훈을 담은 것처럼 보인다. 하지만 그렇게 단순한 이야기가 아니다.

세 명의 실 잣는 여인은 운명의 여신들을 변주한 것이 분명하다. 이 이야기는 실을 잣는 육체적인 노동이 어떻게 정신적인 가치로 환원되는지 보여준다. 여왕은 실잣기에 뛰어나다는 소문이 있는 아가씨를 왕궁으로 데려간다. 그리고 사흘 안에 실을 자아내면 왕자와 결혼시켜주겠다고 약속한다.

실잣기는 아가씨가 아니라 세 명의 늙은 여인이 나타나 대신 해낸다. 여인들은 반드시 결혼식에 초대해달라는 조건을 붙인다. 이야기를 꼼꼼히 읽어보면, 왕궁의 창

문으로 나타난 세 여인은 분명히 사람은 아니다. 이들은 소녀가 어려움에 처했을 때 모습을 드러내는 내면의 오래된 지혜다. '이모'라는 혈통을 들이대면서, 실을 잣는 노동이 여성들에게 대를 잇는 일임을 보여준다. 세 늙은 여인 중 한 명은 발로 아마를 밟아 부드럽게 하느라 한쪽 발이 납작해졌고, 또 한 명은 실을 침으로 적셔 부드럽게 하느라 아랫입술이 축 처졌으며, 마지막 한 명은 실을 꼬느라 엄지손가락이 커졌다. 얼마나 고된 육체적인 노동인지 드러난다.

하지만 수 세기 혹은 수천 년에 걸쳐 여성들이 노동으로 쌓아 올린 그 모든 업적은 아가씨와 결혼하는 왕자의 결정으로 그 가치가 전도된다. 실을 잣는 고된 일은 그 자체로 중요하지 않다. 공주 혹은 왕자의 아내로 상징되는 한 사람의 참된 가치, 숨겨진 고귀한 본성을 되찾는 것이 목적이다. 즉, 고된 육체적인 노동도 자신의 참된 가치를 만들어내는 과정이어야 그 의미가 있다는 뜻이다. 따라서 이 이야기는 노동만 하다 사그라드는 것이 인간의 참된 삶이 아니며, 그 이상의 무엇인가가 삶에 있음

을, 이야기를 만들어내고 가치를 창조해내는 데 삶의 의
미가 있음을 의미한다. 그렇기에 이 이야기는 소중하다.

일본의 옛이야기인 《두루미 아내》는 아내가 남편을 위
해 옷감을 짜는 내용이다. 돛을 짜서 팔아 근근이 살아가
는 노총각 오사무가 다친 두루미를 구해주었다. 그랬더
니 유키코라는 아름다운 여성이 찾아와 결혼해 함께 살
았다. 유키코는 절대 보지 못하게 가림막을 치고 마법의
돛을 짜준다. 이 돛을 팔아 금을 얻은 오사무는 돛을 다
시 짜달라고 부탁한다. 유키코는 망설이다가 절대 보지
말라면서 또다시 돛을 짜준다. 그러나 오사무가 금기를
깨고 가림막을 들여다보았더니, 자신이 구해주었던 두루
미가 깃털을 뽑아 옷감을 짜고 있었다. 오사무가 금기를
깬 것을 안 두루미는 그대로 날아가버린다.

두루미가 깃털을 뽑아 옷감을 짜는 것은 결국 자신의
삶을 재료로 삼아 이야기를 만들어낸다는 뜻이다. 여성
들이 삶에서 실을 뽑아내는 장면이 가림막 뒤에서 일어
나는 이유는 여성의 힘이 늘 숨겨져 있기 때문이다. 이
힘을 남편이 발견하는 순간, 여성은 남자와 동거할 수 없

는 존재로 돌아가고 이미 짜놓은 옷감, 이야기만 남는다. 이야기 속에 남으려면 현실이 아닌 먼 곳으로 가야 한다. 그래서 이야기 속 여성들은 동물의 모습으로 날아가든가 헤엄쳐 사라지는 것이다. '여기'에 있는 여성들은 가림막 뒤에 있다. 깃털을 뽑아 옷감을 짜고 있기 때문이다. 단군 신화에서 호랑이가 문명을 거부하고 산속으로 들어가 이야기 속에 남듯이.

환상을 현실로 만드는 이야기의 힘

서양에서 옷감을 짜는 여자의 이야기는 더욱 변혁적이다. 저 멀리로 쫓겨나 사회의 기존 질서를 위협하지 못하는 동양과는 달리, 저 먼 세계의 힘을 이곳으로 가져와 이곳을 변화시키기 때문이다. 그런 면에서 슬라브족의 옛 이야기인 《크리스털 산(The Crystal Mountain)》은 놀랍다.

옷감 짜기의 달인인 애나는 어느 날 꿈에서 영감을 받아 심혈을 기울여 너무도 아름다운 태피스트리를 짠다. 아름다운 태피스트리에 모두 경탄하는 순간, 바람이 불

> "복제품의 세계에서
> 복제가 일어나는 순간,
> 전복되어 환상은
> 현실이 된다."

어와 태피스트리를 가로채 간다. 애나가 태피스트리를 다시 찾고 싶어 하자, 애나의 세 아들이 나선다. 하지만 첫째와 둘째 아들은 딴 길로 샌다. 막내아들인 페린은 불의 들판과 얼음 바다를 지나 크리스털 산에 올라 그곳의 요정들이 애나가 짠 태피스트리를 본뜨느라 가져갔다는 것을 알아낸다. 그중 빨간 옷의 요정이 페린을 눈여겨보고는, 자신의 모습을 애나의 태피스트리에 몰래 짜 넣는다. 페린이 애나의 태피스트리를 가지고 돌아와 펼치자, 태피스트리 안에 짜 넣은 모든 풍경이 현실이 된다. 아름다운 숲과 풍요로운 대지와 아늑한 집이 생기고, 빨간 옷을 입은 요정 아가씨가 나타나 페린의 아내가 된다.

현실에서 애나가 자신의 꿈을 옷감으로 짜내고, 옷감 속에 짜 넣은 꿈이 환상의 세계에서 복제된 후 현실로 이루어진다는 점은 아주 흥미롭다. 환상이 현실을 반영하는 복제품에 지나지 않는다고 생각하면 큰 오산이다. 복제품의 세계에서 복제가 일어나는 순간, 전복되어 환상은 현

숲은 깊고 아름다운데

실이 된다. 이 이야기에 담긴 비밀은 바로 이것이다.

더 나아가 현실에서 꿈꾸는 능력을 가진 여성이 환상 속 꿈꾸는 여인과 맞물리면서, 화합과 풍요와 성공을 현실로 만든다. 꿈은 무의식에서 복기되며 강화되어야 현실에서 이루어진다는 뜻이기도 하다. 성공과 풍요를 얻을 자격은 불의 바다와 얼음의 바다와 크리스털 산을 올라야 갖출 수 있다. 즉, 성공의 자리에 어울리는 내면의 힘을 가진 자가 성공의 지점에 도달했을 때, 비로소 합이 맞아 떨어져 소원이 성취된다는 뜻이다. 도시로 떠나 물질적인 성공과 세속적인 쾌락을 좇던 두 형이 빈털터리가 되어 집으로 돌아오는 이유도 그 때문이다. 성공의 자리에 걸맞은 내면의 그릇이 온전한 통합(페린과 요정 아가씨의 결혼)을 이룰 때, 결코 흔들리지 않는 성공의 열매를 맺는다.

이야기를 짓는 자는
현실의 권력에 대항할 수 있다

이렇듯 옛날이야기에서는 옷감 짜기 혹은 뜨개질이 이

야기를 만드는 힘이며, 이야기의 힘이 얼마나 큰지 강조한다. 어머니에게서 어머니로, 입에서 입으로만 비밀을 전할 수 있던 시대가 가고, 여자들도 글을 쓸 수 있는 시대가 왔다. 그리고 이 시대에 다시 쓰인 이야기는 왜 여자들이 글을 써야 하는지 잘 보여준다.

신화에서, 남자는 여자가 가진 어떤 힘을 굉장히 두려워한다. 대체 여자의 내면에는 어떤 힘이 있는 걸까? 여자도 모르는 힘을 저들은 왜 두려워하는 걸까? 그래서 탑에 갇힌 아가씨 이야기를 읽을 때면 혼자 다짐하곤 한다. 저들이 두려워하는 여성 내면의 힘이 무엇인지 꼭 찾아내고야 말겠다고.

《빨간 늑대》라는 그림책은 탑에 갇힌 아가씨라는 전형적인 모티프로 시작해서, 가장 미약한 동시에 강력한 힘으로 세상을 전복하는 비밀을 알려준다. 주인공 로젤루핀 공주는 성의 탑 꼭대기에 갇혀 있다. 세상은 너무 위험해서 귀한 공주를 내보낼 수 없다며, 아버지 왕이 공주를 가두어둔 것이다. 탑에 갇힌 아가씨 모티프는 보호라는 명목하에 여성을 길들이는 가부장 권력을 뜻한다. 탑

숲은 깊고 아름다운데

에 갇힌 아가씨의 원형인 다나에는 결혼하지도 않고 만나는 남자도 없지만, 앞으로 낳을 아이가 아버지를 죽일 것이라는 예언 때문에 청동 탑에 갇힌다. 결국 아버지의 두려움이 딸을 가두었다. 그러니까 핵심은 남자의 두려움이다.

공주는 탑에 갇혀서 창밖 세상을 내다보고 또 내다본다. 갈 수 없는 푸른 숲에 대한 동경은 그렇게 커져만 간다. 작용은 반작용을 부르는 법이라서, 억눌리면 치받아 오르는 힘도 커진다. 나가고 싶다, 자유롭고 싶다, 저 숲에 가고 싶다는 마음은 갇혀 있지 않은 사람은 절대 느끼지 못하는 욕망이 된다. 언제든 숲에 갈 수 있는 사람은 자신이 어떤 특권을 누리고 있는지 모른다. 원래 특권은 누리는 자에게는 공기와 같지만, 결핍된 자에게는 강렬한 욕망으로 새겨지는 법이다.

변화는 선물처럼 찾아온다. 공주가 일곱 살 되던 해에 선물이 온다. 수비학(數祕學)에서 3과 7과 12는 완전수다. 그러므로 7세가 되었다는 건 시간이 무르익었다는 뜻이다. 변화는 보이지 않는 수면 아래에서 오래 기다리며 무르익어 모습을 드러낸다. 오랜 시간 어두운 탑에 갇혀 자신을 추스르며 별렀던 힘은 외부에서 변화의 힘을 불러들인다. 공주에게 황금 상자가 도착한다. 물론 황금은 신화와 동화에서 귀하고 소중한 본성을 나타낼 때 등장한다. 이 상자에는 털실과 쪽지가 들어 있고, "로젤루핀에게, 무엇이든 뜨고 싶은 걸 뜨세요"라고 적혀 있다.

탑에 갇힌 공주는 뜨개질을 시작하고, 빨간 털실로 빨간 늑대 옷을 떠서 입는다. 그러자 공주는 빨간 늑대가 되어 돌탑을 부수고 뛰쳐나간다. 숲으로 달려가 늑대는 먹고 싶은 것을 먹고, 달리고 싶은 만큼 달린다. '처음 만나는 자유'는 영화보다는 이 이야기에 붙여야 하는 이름이 아닐까.

어쨌든 왕은 공주가 빨간 늑대에게 잡혀갔다고 생각한다. 이 오해가 아주 의미심장하다. 다른 옛이야기에서도 허구한 날 공주는 용에게 납치되었다고 하지만, 진실은 공주 속에 있던 힘이 분출하여 용으로 변해 뛰쳐나간 것이다. 용이 그렇고, 빨간 늑대도 그렇다. 누구의 이야기로 누구를, 어떻게 정의하는지 잘 살펴볼 일이다.

숲은 깊고 아름다운데

> "자신의 언어를 소유한
> 자는 현실의 권력에
> 'No!'라고 외칠 수 있다."

결국 빨간 늑대는 사람들이 갖다 바친 음식을 배불리 먹고 잠이 든다. 꿈속에서 숲이 점점 커져 사방을 에워싸고, 빨간 늑대는 다시 로젤루핀 공주가 된다. 오히려 꿈에서 현실을 실현하는 것이다.《빨간 늑대》가 현실과 환상(언어로 짠 이야기)이 전복되는 이야기라는 점이 여기서 드러난다.

다음 날, 사람들은 빨간 털실을 따라가 숲속에서 잠든 로젤루핀 공주를 보고 왕에게 데려온다. 공주는 다시 탑에 갇힌다. 왕은 탑에서 얌전히 앉아 목도리나 떠달라고 공주에게 말한다. 공주는 아버지를 위해 뜨개질을 한다. 공주가 떠준 털옷을 입은 순간, 아버지는 작은 생쥐로 변한다. 아버지는 더 이상 로젤루핀 공주를 구속할 힘이 없다. 이는 실제로 아버지가 쥐로 변한 게 아니라, 공주의 내면, 공주가 주인인 상상계에서 아버지의 권력이 쥐만해졌다는 뜻이다. 아버지가 아무리 탑에 가두려고 해도, 로젤루핀은 뜨개질을 하는 자, 이야기를 짓는 자, 목소리를 가진 자다. 자신의 언어를 소유한 자는 현실의 권력에

"No!"라고 외칠 수 있다.

　재클린 우드슨의 뉴베리 아너 선정작 《엄마가 수놓은 길》은 수놓기가 현실에 직접적으로 영향을 끼치는 이야기다. 이전의 작품에서 옷감 짜기와 뜨개질이 현실에 대한 메타포로서 길잡이 역할을 했다면, 이 작품은 현실에서 이야기와 수놓기가 어떻게 길잡이가 되는지 보여준다. 작가의 7대 위의 할머니는 일곱 살에 노예로 팔려 간다. 그곳에서 빅마마라는 할머니를 만나서 나중에 자라거든 자유인이 되라는 이야기를 듣는다. 그리고 퀼트를 수놓는 법을 배운다. 이야기와 수놓는 법은 대를 이어 전해지고, 재클린에게까지 내려온다. 글을 몰랐던 노예를 위해 재클린의 윗대 할머니들은 북쪽으로 도주하는 탈출로를 수놓았다. 달과 별과 길을 수놓는 법을 가르치고 자유에 대한 이야기를 들려주며 대대로 이어진 것이다.

　자유로 가는 길은 처음에는 꿈같았지만, 여성들의 손끝으로 수놓이며 꿈은 현실이 된다. 더 이상 노예가 아닌 현재의 후손들은 글을 배워 재클린처럼 이야기를 짓는 사람이 되거나, 재클린의 여동생처럼 할머니들을 기리며

수를 놓는다. 이렇듯 《엄마가 수놓은 길》은 이야기와 수놓기가 서로 얽혀 어떻게 현실을 창조해내는지 보여준다.

이야기와 뜨개질을 배워야 하는 이유

어떤 사람들은 아이들에게 옛날이야기를 읽힐 필요가 없다고 말한다. 이야기에 드러난 성 역할이나 세계관들이 너무 고루하다는 이유에서다. 그러나 그들이 놓친 것이 있다. 오랜 세월에 걸쳐 이야기는 이야기꾼의 입으로 전해지면서 그 당시의 상황과 필요에 맞게 다시 쓰이는 과정을 거친다는 점이다. 그래서 옛날이야기는 여러 가지 변형이 있다. 다시 말해 옛날이야기는 반드시 다시 쓰여야 한다.

또한 오랜 세월 강력한 호소력을 지니며 전해 내려온 이야기에는 우리의 의식과 무의식에 어필하는 강력한 메시지와 이미저리(imagery)가 도사리고 있다. 이미지의 통합체를 가져와 새로운 창작물을 구성하는 밑바탕으로 깔아두면, 새로운 창작물은 이야기가 지닌 호소력을 그대로 물려받는다. 그래서 옛이야기와 앞서 만들어진 작품들이 켜켜이 깔린 작품에는 독자와 지문 사이에 엄청난 인터페이스가 생성된다. 어떤 길로 가든 텍스트가 의도한 목적지에 도달하도록 수많은 해석을 허락하는 장이 열리는 셈이다. 사실 걸작이라고 불리는 작품에는 인간이 수천 년간 쌓아온 상징과 이미저리가 층층이 쌓여 있다. 그렇기에 아이들은 옛이야기를 읽어야 한다. 앞으로 만들어낼 새로운 이야기와 콘텐츠에 깔아둘 켜를 쌓기 위해서. 수천 년 넘게 공유해온 집단 무의식의 흐름을 저어가며 앞으로 나아갈 수 있으므로.

이야기 속 뜨개질은 단순한 뜨개질이 아니다. 뜨개질하고 옷감을 자아서 이야기를 물려준 수많은 여인의 모습이 들어 있다. 그녀들이 속삭이듯 말한다. "무엇이든 뜨고 싶은 걸 떠!" 다시 말하자면, "무엇이든 쓰고 싶은 걸 써!"

숲은 깊고 아름다운데

숲에서
돌아 나오다

어둠과 공포의 집단 무의식

숲으로 들어가는 일은
자신의 무의식으로 들어가는 행위다.
하지만 숲의 의미,
특히 인간의 집단 무의식에 깔린 숲
혹은 자연의 의미를 제대로 이해하려면,
원시 시대에 숲이 인간에게
어떤 의미였는지 살펴보아야 한다.

전깃불이 없던 시절,

밤이 되면 어둠이 얼마나 깊었을까?

전깃불 이전에 수만 마리의 고래를 죽여

얻은 기름으로 서구의 몇몇 도시를 밝혔던 시절,

그 불빛만으로도 휘황찬란하다고 감탄하던

기록을 한번쯤 찾아보길 바란다.

그렇다면 문명이 생기고 도시가 생기기 전에,

인간에게 어둠은 어떠했을까?

원시인들이 어둠에 대해 느꼈던 감정,

집단 무의식에 새겨진 느낌을

조금이나마 짐작할 수 있었던 건

어떤 영화의 도입부였다.

장자크 아노의 〈불을 찾아서〉(1981)가 그 영화다.

첫 장면은 깊은 밤, 어둠이 시커멓게 깔려 있고,

눈곱만큼 작은 불빛 하나가 보인다.

그 불빛으로 점점 카메라가 줌인한다.

그러면 거대하고 어두운 숲속의 공터에

장작불 하나가 지펴져 있고,

주변에 옹기종기 사람들이 모여 있다.
사람들은 광대한 어둠 속에서 너무나도 미약한 불,
그 주변에서만 안전하다.

육식동물과 같은 발톱이나 이빨도 없고,
초식동물처럼 빠르지도 못한 인간은
혼자서 어두운 숲속에 들어갔다가는
육식동물에게 잡아먹혔다.
불가를 벗어나면 인간은 너무도 나약했다.
불가에 앉아 있던 원시인들은
주변의 거대한 어둠,
자신을 둘러싼 암흑의 숲을 보며
어떤 공포를 느꼈을지
좀 알 것도 같지 않은가?

숲에서 돌아 나오다

로버트 프로스트의 시
《눈 내리는 저녁 숲가에 멈춰 서서》는
어두운 숲의 의미를 잘 보여준다.

이 숲이 누구네 숲인지,
난 알 듯해.
숲 주인은 마을에 집이 있어서,
내가 지금 여기 멈춰 선 채
눈 덮이는 자기 숲 바라보는 것도 모를 테지.

내 어린 말은 이상하게 여길 거야,
농가도 없는 데서 이렇게 멈춰 선 것을.

한 해 중 가장 어두운 저녁
숲과 꽁꽁 얼어붙은 호수 사이에 서서
어린 말이 방울을 딸랑이며
무슨 일이냐고 묻네.

말방울 소리 말고는 스쳐가는 바람 소리뿐.
폴폴 날리는 눈송이 소리뿐.

숲은 무척이나 아름답고 어둡고 깊지만
난 지켜야 할 약속이 있고
잠자리에 누우려면 한참 더 가야 하네.
한참을 더 가야 한다네.

이 시의 첫머리에서 시적 자아,
즉 페르소나는 누구네 숲인지 알 것 같다고 말한다.
친숙함을 느끼는 것이다.
이 친숙함, 치히로가 가오나시와 하쿠에게서
느꼈던 그것과 같다.
자신의 숲, 자신의 무의식이기에 느끼는 친숙함이다.

시적 자아는 지금 깊은 무의식으로
들어가는 숲가에 서 있다.
그런데 그의 집은 마을에 있다.

마을은 불을 밝히는 문명의 장소이므로,

자신은 마을에 속한 사람,

문명에 속한 사람,

이성에 따라 행동하는 사람이다.

그리고 어느덧 자신도 모르는 새

숲가에 서 있다.

그래서 마을의 그는 페르소나가

여기 와 있는지 모른다고 말한다.

내가 모는 말이 무언가 이상한 듯 방울을 울린다.

말은 사람이 부려서 일을 시키는 가축이므로

이성 중에 가장 급이 낮은

오성(悟性)을 상징한다.

오성은 외부의 감각과 자극을 감지하는 인지 능력이다.

어린 말은 정신 차리라는 듯 방울을 울려준다.

페르소나가 깊고 어두운 숲에 끌리고 있기 때문이다.

숲이 아름답고 어둡고 깊다는 고백은 그런 의미다.

상상해보라.

눈이 펑펑 내리면 지평선이 사라진다.

하늘과 땅이 구별되지 않는다.

나무가 높이 솟은 숲 앞이라면 더욱 그렇다.

하늘도 하얗고

땅도 하얗고

나무도 하얗게 변한다.

어두운 밤을 배경으로

하늘과 땅의 경계가 사라지고

높고 무성한 하얀 나무 앞에 서면,

사람은 온 세계가 주변에 둥글고

움푹하게 모이는 느낌이다.

즉, 온 세계가 나를 감싸는 자궁처럼 느껴진다.

인간이 가장 편안함을 느끼는 곳이

엄마의 자궁이라고 한다.

그래서 사람은 엄마의 자궁처럼

부드럽고 따뜻하고 푹신하고 편안한 곳에서

누워 자고 싶다는 유혹을 느낀다.

그러나 일단 엄마의 자궁 밖으로 나온 후에는

다시 돌아가고 싶다는 욕망은

사실 죽고 싶다는 소망이다.

자궁 밖으로 나온 후 자궁과

가장 비슷한 곳은 무덤이기 때문이다.

그래서인지 영어로 womb과 tomb은

운조차 맞아떨어진다.

페르소나가 잠자리에 누우려면

한참을 더 가야 한다고 말하는 건,

지금 자고 싶다는 말이기도 하다.

자신을 감싸 오는 거대한 자궁과 같은

눈 내리는 숲가의 풍경에

누워 자고 싶은 강렬한 유혹,

죽고 싶은 소망을 느낀다.

하지만 이런 페르소나에게

오성이 방울을 울려 정신 차리게 한다.

저 마을, 사람들과 공동체를

이루어 살아가는 그곳에

페르소나가 맺은 관계가 있고,
그중 누군가와 지켜야 할 약속이 있다는 것을
다시금 일깨워준다.
죽음의 유혹을 뿌리치고,
무의식의 매혹을 뒤로하고
페르소나는 마을로 돌아간다.

이 시는 현실로 사람을
돌려보내기 때문에 매우 건강하다.
로버트 프로스트는
미국의 국민 시인으로 불리는 것은
현실을 긍정하는 언어를 빚어내기 때문이다.
이 시에서는 긍정으로 돌이키면서도,
숲이 인간에게 미치는 영향력을
너무도 잘 그려냈다.
인간에게 숲은 이 시에
나오는 것과 같은 숲이다.

이야기의 숲에서 보석을 찾다

이야기의 많은 주인공이 숲에
들어갔다가 나온다.

헨젤과 그레텔도 그렇다.
남매는 들어갈 때는 오빠가 조약돌이나
빵조각으로 길을 표시하면서 주도하지만,
나올 때는 그레텔이 주도권을 잡는다.
마녀에게서 오빠를 구해내는 것도 그레텔이고,
돌아오는 길에 강을 건너면서
오리에 먼저 타는 것도 그레텔이다.
이는 여성적인 것이 구원의 힘이기 때문이다.
내면의 숲에 들어갔다가
나오는 구원의 힘은 늘 여성적인 힘이다.

《백조 왕자》의 엘리자는 숲속에서 헤매다가
늙은 여인의 안내로 왕관을 쓴 11마리 백조가
어디 있는지 알아낸다.
자연의 풀 중에서 가장 억세고 질긴 풀로
스웨터를 떠서 엘리자가 오빠들을 구해내는 것은
결국 숲이라는 마법의 세계에 갇힌
오빠를 엘리자가 끌어낸다는 의미다.
《빨간 늑대》의 로젤루핀 공주는
늑대의 옷을 입고 숲으로 간다.
엘리자와 로젤루핀은 모두
뜨개질하는 힘으로 현실과 숲을 넘나든다.

인간은 현실에서만 살 수 없다.
그렇기에 자신이 누구라고 정의하고,
자신에게 가치를 부여하며,
꿈을 꾸고 미래에 투사한다.
그래서 인간에게 이야기는
현실과 환상을 넘나드는 힘이 된다.
마을과 숲을 누비는 힘이다.

인간은 자신이 되고 싶은 모습을 담은
이야기를 만들어 이야기 밖의 현실을 바꾼다.
영웅의 모험담을 들으며 자란 아이가
영웅이 되기 위해 길을 떠나듯,
환상은 현실을 그렇게 구속한다.

이런 맥락에서,
이야기에 숨어 있는 빛나는 보석을
찾는 일은 중요하다.
어떤 보석을 찾느냐에 따라
현실의 내가 얼마나 귀중한 사람이 되는지
결정되기 때문이다.

그래서 미국의 소설가 팀 오브라이언이
자신의 소설 《그들이 가지고 다닌 것들》에서
이런 말을 하는지도 모르겠다.
"이야기에서 말하는 진실이 때로는
실제 일어나는 진실보다 더 진실되다."

유대 속담에서는

"이야기는 진실보다 진실되다"라고 한다.

그렇기에 이 책은 진실에 대한 이야기다.

놀라울지도, 대담할지도 모르겠다.

자신을 주인공으로 삼아

자신의 이야기를 빚기 시작할 때,

사람은 자신이 믿는 모습이 된다.

아버지의 아버지의 아버지의 아버지,

어머니의 어머니의 어머니의 어머니들이 물려준

씨실과 날실이 바로 옛날이야기다.

우리는 이 씨실과 날실을 가져다

우리의 이야기를 짜면 된다.

여러분이 아름다운 태피스트리를 짜길,

그리고 그 결과가

《크리스털 산》의 태피스트리처럼

현실이 되는 기적을 일구어내길.

숲은 깊고 아름다운데

© 조이스 박 2024

| 1판 1쇄 | 2024년 4월 25일 |
| 1판 2쇄 | 2024년 6월 25일 |

지은이	조이스 박
펴낸이	전은주
편집	도은선
마케팅	이보민 양혜림 손아영

펴낸곳	(주)제이포럼
출판등록	출판등록 2021년 6월 30일 (제2021-000006호)
주소	03832 경기도 과천시 별양로 164 711동 2303호(부림동)
전자우편	jforum1@gmail.com
인스타그램	@jforum_official
전화번호	02-3144-3123

| ISBN | 979-11-987104-1-3   03330 |